水调歌头

游泳

才饮长沙水，又食武昌鱼。万里长江横渡，极目楚天舒。不管风吹浪打，胜似闲庭信步，今日得宽馀。子在川上曰：逝者如斯夫！

风樯动，龟蛇静，起宏图。一桥飞架南北，天堑变通途。更立西江石壁，截断巫山云雨，高峡出平湖。神女应无恙，当惊世界殊。

一九五六年六月

重庆市出版专项资金资助项目

——中国桥梁**70**年

本书编委会

主　编　向中富　重庆交通大学

副主编　徐　伟　中铁大桥勘测设计院集团有限公司

　　　　刘安双　林同棪国际工程咨询（中国）有限公司

主　审　孟凡超　中交公路规划设计院有限公司

重庆大学出版社

内容摘要

桥梁是交通基础设施中最重要的人工结构物之一，桥梁的建设发展反映一个国家的技术、经济和社会发展水平。新中国成立70年来，我国的桥梁事业取得了辉煌的成就，从近代世界桥梁弱国一跃成为世界桥梁大国，并正在迈入世界桥梁强国行列。

本书以时间为轴线，选取了全国各地98座桥梁（或桥梁群）和7座走出国门的代表性桥梁，体现了我国桥梁建设在设计理论、桥用材料、建造技术等方面取得的进步与发展。本书旨在让广大民众了解中国桥梁建设发展的艰辛历程，感受中国桥梁建设的快速发展离不开国家经济发展、实力提升与广大桥梁人的艰苦奋斗。也希望民众在享受桥梁及公路、铁路、城市道路建设带来的交通方便快捷的同时，增强识桥、知桥、爱桥与科学用桥的意识。

本书可作为广大民众了解中国桥梁建设发展的读物，也可作为高校桥梁工程相关专业师生及工程技术人员的参考书。

图书在版编目（CIP）数据

天堑变通途：中国桥梁70年 / 向中富主编. --重庆：重庆大学出版社，2019.9
ISBN 978-7-5689-1801-5

Ⅰ.①天⋯　Ⅱ.①向⋯　Ⅲ.①桥梁工程—建筑艺术—介绍—中国　Ⅳ.①U44

中国版本图书馆CIP数据核字（2019）第196398号

天堑变通途——中国桥梁70年
TIAN QIAN BIAN TONG TU——ZHONGGUO QIAOLIANG 70 NIAN

主　编　向中富
副主编　徐　伟　刘安双
主　审　孟凡超

策划编辑：雷少波　林青山
责任编辑：林青山　张慧梓
责任校对：邬　忌
责任印制：张　策

重庆大学出版社出版发行
出版人：饶帮华
社址：（401331）重庆市沙坪坝区大学城西路 21 号
网址：http://www.cqup.com.cn
印刷：重庆新金雅迪艺术印刷有限公司

开本：889mm×1194mm　1/16　印张：17.25　字数：423千字
2019 年 9 月第 1 版　　2019 年 9 月第 1 次印刷
ISBN 978-7-5689-1801-5　定价：160.00 元

PREFACE
前言

　　桥梁是交通基础设施中最重要的结构物之一，在国民经济建设中起着不可替代的作用。截至目前，我国公路、铁路、城市道路等桥梁总数已超过 110 万座。中国桥梁不但在数量上世界绝对领先，在桥梁跨径等重要技术指标方面也处于世界前列。世界各类大跨径桥梁绝大部分在中国，其中跨径居前 10 名的梁式桥、拱式桥、斜拉桥和悬索桥等四类桥梁中，中国均占居半壁江山。2019 年是中华人民共和国成立 70 周年，70 年来我国在各个方面都发生了翻天覆地的变化，人民政治地位和生活水平空前提高，其中支撑道路交通发展及交通强国的桥梁建设起到了重要作用。中国从近代的世界桥梁弱国一跃成为世界桥梁大国，并正在迈入世界桥梁强国行列。

　　本书在第一篇中介绍了桥梁的起源、桥梁的作用、桥梁的类别、桥梁的组成以及中国桥梁发展，以便普通民众读者对桥梁有基本的认识。

　　中国的桥梁数量巨大，类型众多，形式多样，分布广泛，特色鲜明，通过一本书阐明中国桥梁 70 年的发展之路是难以实现的。本书以时间为序，分阶段对我国桥梁建设的情况进行小结，并选取部分代表性的桥梁（或桥梁群）作简要介绍。第二至七篇具体分为 20 世纪 50 年代的修复借鉴与基础奠定、60—70 年代的就地取材与创新发展、80 年代的学习追赶与桥梁崛起、90 年代的跟踪提高与桥梁大国、进入 21 世纪的技术突破与桥梁强国，以及走出国门与立足世界。代表性桥梁的选择，重点考虑桥梁建造当时的技术水平、国内外影响等因素，桥梁群则旨在借助特定桥位体现经济社会发展对桥梁的不断需求。本书介绍了位于各省、市、自治区和港澳台地区的 98 座桥梁（或桥梁群）和涉及亚洲、非洲、欧洲、美洲的 7 座走出国门的桥梁。代表性桥梁介绍主要包括桥梁形式、桥梁跨径、结构特点、施工工法、技术水平、技术创新、桥梁文化等，并特别突出桥梁图片。从书中所列代表性桥梁可见国家建设发展需求为中国桥梁发展提供了机会，国家实力提升为中国桥梁建设发展提供了条件，中国桥梁的高速发展对国家交通建设起到了支撑作用，以及中国桥梁在建设理念、设计方法、材料性能、建造技术等方面的不断进步、创新与突破。

本书在第八篇中对 70 年来中国桥梁建设发展成果进行了总结，并对桥梁未来发展进行展望。通过对已建桥梁的资料收集整理，形成了各类大跨径桥梁的基本信息索引，为读者以及高等学校桥梁工程相关专业学生和桥梁设计施工技术人员提供参考。

本书编写的目的在于让广大民众了解中国桥梁建设发展的艰辛历程，希望民众在享受桥梁及所处公路、铁路、城市道路带来的交通方便快捷的同时，感受到中国桥梁发展离不开党和国家的重视，离不开国家改革开放及经济发展；感受到只有国家实力提升才有桥梁建设发展的进步；感受到中国桥梁人不畏困难与艰辛，勇攀世界桥梁技术高峰的精神。同时，以唤起广大民众识桥、知桥、爱桥与科学用桥的意识。

本书以材料选编为主，内容涉及面广，但编写时间仓促，一些年代较为久远的桥梁留下来的资料非常有限，有的桥梁随时间的推移桥名又有变化，疏漏之处在所难免。书中关于各个桥梁的基本信息多数来自相关桥梁的官方介绍，也有一些参考了网络和其他书籍、技术总结的有关介绍资料，难以一一列举；本书插图较多，未注明出处的已经取得版权机构的授权，但仍有少量插图无法联系到版权人，作者看到后可与出版社联系领取图片稿费（联系电话：023-88617110）。如果个别图片著作权标注有误的，请读者及时指正。

中交第二航务工程局有限公司原总工程师、桥梁专家左明福先生为本书的编写提供了大量资料，并对本书的成稿给予诸多指导，在此表示衷心感谢！在本书编写中还得到了许多同志的帮助，重庆大学出版社对本书形成做出了积极努力，相关部门对本书出版给予了极大的关心与支持，在此一并表示衷心感谢！

编者

2019 年 9 月

CONTENTS 目录

目录 CONTENTS

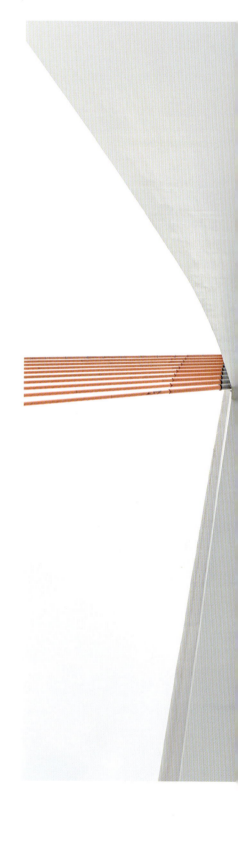

目录 CONTENTS

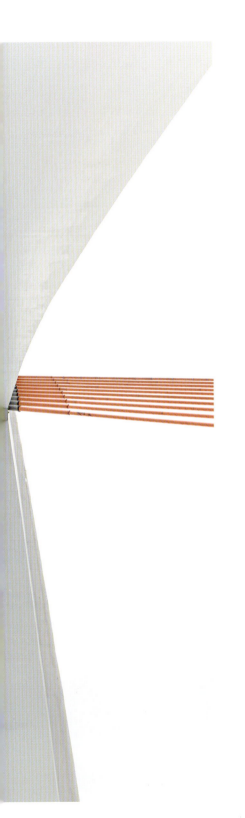

目录 CONTENTS

BRIDGES BY CHINA
70 YEARS
1949—2019

第一篇

桥梁起源与发展之路

一、桥梁的起源

人类的生存离不开"衣食住行作"。行必有路,路必有桥。《说文解字》中桥的解释为"梁之字,用木跨水,今之桥也"。

人类社会需要信息文化交流,需要物质商品交换,交通则是交流交换的先决条件之一。人类生存的地球山川众多、江河纵横、湖海广大,对道路形成的障碍比比皆是。世上本没有路,走的人多了就成了路,跨越障碍使行路方便是人类始终的期望。由于社会发展水平的限制,起初并没有桥梁的概念,当然车辆通行更是妄想。人的行路仅在可能的情况下翻山越岭,蹚水或是借助筏(舟)过河到达目的地。

桥梁是何时何地、因何诞生难以考证。从现有研究来看,桥梁出现于新石器时代中晚期,距今已有7 000余年的历史。普遍认为,桥梁的出现与自然有关。例如,借助从倒下而横卧在溪流上的树干,就可以跨越河流而到达彼岸。这应该是最初自然形成的桥梁。

按照现在对桥梁的认识、研究实践,用于跨越障碍的桥梁总体上分为:梁桥、拱桥、缆索承重桥(也称吊桥、斜拉桥)。

梁桥:梁桥是一种依靠自身的抗弯折能力来承受竖向荷载作用的结构,可以认为梁桥源于倾倒在溪流上的树干。

拱桥:拱桥的主要承重结构——拱圈呈弧形,其主要特点是在荷载作用下,拱圈内主要承受压力。普遍认为,拱桥系人们受到天生桥的启发而创造。

吊桥:吊桥主要依靠索承担自重及人行、车行产生的载荷。自然界中,林间蔓藤是猴子等动物跨越障碍的天然"桥梁",蔓藤就相当于现代桥梁中使用的钢缆索,以缆索为主要承重构件的悬索桥、以拉索为主要承重构件的斜拉桥,应该是受到崖壁或树丛间攀爬和飘荡的藤蔓启发。

□ 梁桥

□拱桥

□吊桥

二、桥梁的作用

从桥梁的诞生与成长来看，桥梁就是用于跨越江河、湖泊、山谷、海峡和既有道路等障碍，以便于车辆、轨道、渠道、管线、行人等顺利安全通过的人工构造物，在公路、铁路及城市道路中起着控制性作用。所以，桥梁被称为"道路咽喉"。

桥梁既是一种功能性的结构物，是人类生存发展必需的陆路交通的关键，也是一座立体的造型艺术工程。桥梁往往成为一个国家或一个城市(地区)的象征。

桥梁是土木工程的重要组成部分，是人类文明的产物，是人类社会进步与发展的重要标志。在人类生存与发展最基本的需求中，桥梁是为"行"服务的，同时也与战争、宗教、戏剧、民俗等存在千丝万缕的联系。

三、桥梁的类别

桥梁分类的方式很多，通常从受力特点、建桥材料、适用跨度、施工条件等方面来划分。

1. 按受力特点分类

结构工程上的受力构件，总离不开拉、压、弯三种基本受力方式，由基本构件组成的各种结构物，在力学上也可归结为梁式、拱式、悬吊式三种基本体系，以及它们之间的各种组合。

(1)梁式桥

梁式桥是一种在竖向荷载作用下无水平反力的结构。梁式桥主要承受竖向荷载作用，故以受弯为主，包括简支梁桥、连续梁桥、连续刚构桥等，需要采用抗弯能力强的材料(如钢筋混凝土、预应力混凝土、钢材等)来建造。按行车道位置的不同，梁式桥也分为上承式桥和下承式桥。

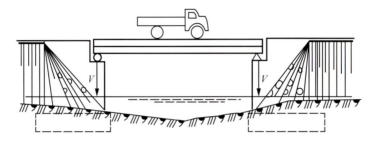

□上承式梁桥

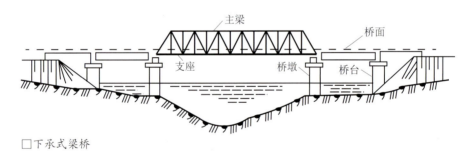

□下承式梁桥

(2)拱式桥

拱式桥的主要承重结构是拱圈。在竖向荷载作用下，拱的两端支承处(拱脚处)除有竖向反力、弯矩(无铰拱)外，还有水平推力，正是该水平推力的存在，相对同跨径梁桥，拱圈受到的弯矩显著降低，拱圈以受压为主。拱圈通常采用抗压能力强的材料(如砖、石、混凝土、钢筋混凝土、钢材及其组合材料)建造。按照行车道处在拱结构立面位置不同，拱桥分为上承式、中承式和下承式。

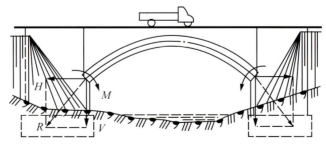

□上承式拱桥

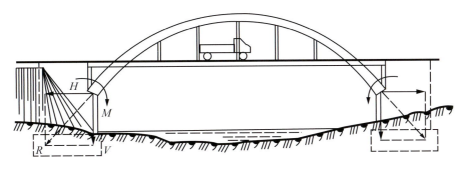

□中承式拱桥

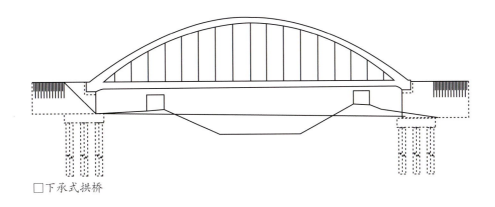

□下承式拱桥

(3)斜拉桥

斜拉桥又称斜张桥，由斜索、桥塔和主梁组成，斜拉桥利用高强钢丝制成的多根斜拉索将主梁托起，主梁的恒载和其他作用通过斜拉索传至桥塔，再通过桥塔基础传至地基，由此，主梁犹如一根多点弹性支承的连续梁一样工作，而且斜索索力的水平分量又构成主梁的"免费"预压应力，从而使主梁尺寸大大减小，结构自重显著减轻，既节省了结构材料，又大幅度增大了桥梁的跨越能力。索塔采用混凝土或钢结构，主梁常用混凝土、钢或其组合结构。

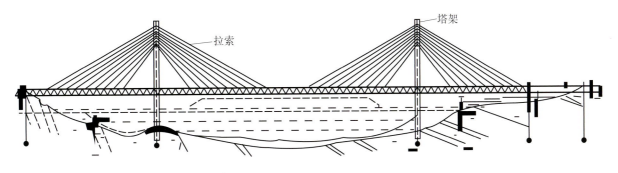

□斜拉桥

（4）悬索桥

悬索桥又称吊桥，是最古老的桥梁形式之一，结构构造简洁，受力明确，适用于特大跨径桥梁建设。悬索桥通常由索塔、锚碇、主缆、吊杆及加劲梁组成。主缆系悬索桥"生命线"，而主缆的锚固构造（包括地锚式悬索桥锚碇、自锚式悬索桥缆梁结合构造）则是悬索桥的"心脏"。主缆采用高强钢丝形成，索塔采用混凝土或钢结构，加劲梁主要采用钢结构。

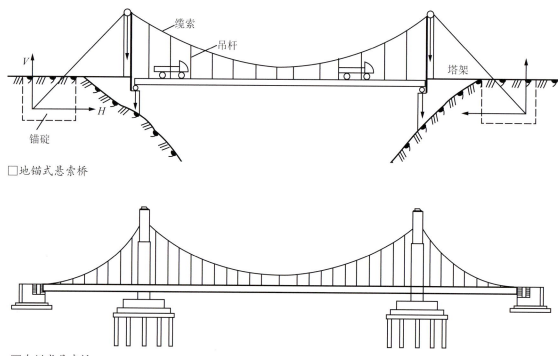

□ 地锚式悬索桥

□ 自锚式悬索桥

（5）刚架桥

刚架桥是梁（或板）和立柱（或竖墙）固结形成的一种刚架结构。由于两者是刚性连接，在竖向荷载作用下，在柱脚具有水平反力，梁部除弯矩外还有轴力，其受力状态介于梁桥与拱桥之间。因此，同样的跨径，在相同荷载作用下，刚架桥的正弯矩要比一般梁桥的小。刚架桥的建筑高度可以做得小些，适用于需要较大桥下净空和建筑高度受到限制的情况。

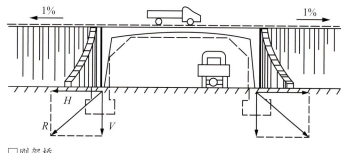

□ 刚架桥

（6）组合体系桥

组合体系桥是指由不同体系结构组合而成的桥梁，包括梁拱组合桥、斜拉与刚构组合桥、斜拉与悬索组合桥、斜拉与拱组合桥等。

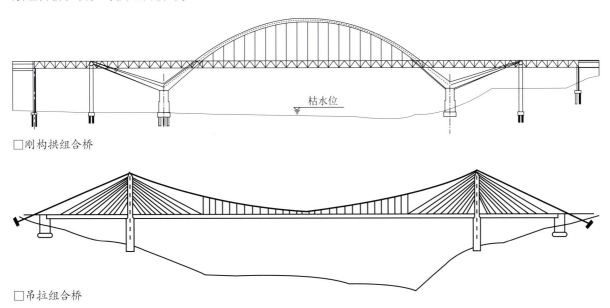

□刚构拱组合桥

□吊拉组合桥

2. 其他分类方式

桥梁还可以其他方式分类，主要有：

①按用途划分，有公路桥、铁路桥、公铁两用桥、农用桥、人行桥、运水桥（渡槽）及其他专用桥梁（如通过管路、电缆等）。

②按桥梁全长和跨径的不同分为特大桥、大桥、中桥、小桥和涵洞。

桥梁按全长和跨径分类

桥梁分类	多孔跨径总长 L / m	单孔跨径 L_k / m
特大桥	$L > 1\,000$	$L_k > 150$
大桥	$100 \leqslant L \leqslant 1\,000$	$40 \leqslant L_k \leqslant 150$
中桥	$30 < L < 100$	$20 \leqslant L_k < 40$
小桥	$8 \leqslant L \leqslant 30$	$5 \leqslant L_k < 20$
涵洞		$L_k < 5$

③按主要承重结构所用的材料来分，有圬工桥、钢筋混凝土桥、预应力混凝土桥、钢桥、钢–混凝土结合梁桥和木桥等。

④按跨越障碍的性质来分，有跨江（河、湖）桥、跨海桥、跨线桥（立体交叉桥）、高架桥、栈桥等。

⑤按上部结构的行车道位置分为上承式（桥面结构布置在主要承重结构之上）桥、下承式桥、中承式桥。

四、桥梁的组成

桥梁由桥跨结构(上部结构)和下部结构组成。

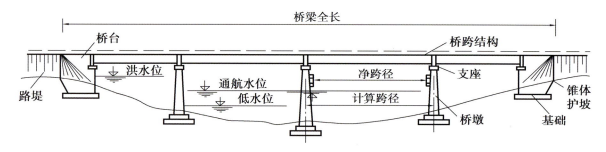

□桥梁组成示意

1. 上部结构

桥梁桥跨结构是道路遇到河流、海峡、山谷、道路等障碍中断时的跨越结构物，由主结构(梁式、拱式、斜拉、悬索等)和桥面系组成。其中，桥面系包括：

①行车道铺装（也称桥面铺装）：设置于行车道上，用于防止桥梁主结构受磨损，同时起到分散车轮荷载的作用。

②人行道：设置在桥面两侧，供行人使用。

③栏杆（或防撞栏杆）：设于桥面或人行道边缘，用于保护行车、行人安全。

④排水、防水系统：排水系统用于迅速排除桥面积水；防水系统用于防止桥梁主结构受渗水侵蚀。

⑤伸缩缝：设于桥跨结构之间和桥跨结构与桥台端墙之间，用于保证桥跨结构在各种因素作用下自由变位。

⑥照明设施：设置于城市桥梁上，用于桥梁夜间照明。

2. 下部结构

桥梁的下部结构包括：

①桥墩：设于河中或岸边，用于支撑桥跨结构。

②桥台：设于桥梁两端，用于支撑桥跨结构，并起桥台后路堤挡土墙作用。

③基础：设于桥墩、桥台底部，将经桥墩、桥台传下的荷载传至地基。

④支座系统：设于桥跨结构与桥墩、桥台之间，将上部结构荷载传至桥墩、桥台，同时保证桥跨结构在各种因素下自由变位的功能。

桥梁的主要技术参数之一是桥梁跨径。梁式桥、斜拉桥、悬索桥跨径是指相邻桥墩（台）中线之间或墩中线与相邻桥台台背前缘之间的水平距离；拱式桥跨径则是指拱脚下缘与起拱面交点之间的水平距离（也称净跨径），拱式桥拱轴线与起拱面的交点之间的水平距离则称计算跨径；设有支座的桥梁，相邻支座中心线之间的水平距离称为桥梁计算跨径，不设支座的桥梁，计算跨径是指上、下结构结合面中心之间的水平距离。桥梁跨径主要体现桥梁"跨越各种障碍"程度以及桥下通航、泄洪等的能力。桥梁跨径大小直接反映桥梁设计施工技术难易、投资大小与运营风险高低。所以，国际上通常将桥梁跨径作为桥梁技术水平的最主要评价指标。

由于梁式桥、拱式桥、斜拉桥、悬索桥等结构体系不同，桥用材料各异，因此，桥梁跨径比较必须针对同类型桥梁，否则没有可比性。例如：重庆朝天门长江大桥为跨径552 m的拱桥，日本明石海峡桥为跨径1 991 m的悬索桥，两者跨径相差许多，但均为当今各自桥梁类比中的跨径世界第一。山西丹河大桥为跨径146 m石拱桥，其跨径虽比重庆朝天门长江大桥小许多，但在石拱桥中为世界最大跨径桥梁。

五、中国桥梁发展

按照时间顺序，最早诞生的桥梁是木桥，接着是石梁桥、浮桥、索桥以及拱桥。中国建于公元前1075年至公元前1046年商纣时期的钜桥（多孔木梁骆驰虹桥）比古罗马建于公元前630年的桩柱式木桥早400年左右。首次出现于公元前965年的浑脱浮桥要比国外早472年。我国石拱桥的出现则比古罗马晚近500年，西班牙的6孔阿尔坎塔拉（Alcantara）石拱桥跨径达到28 m，比建于公元605年的主跨37.02 m的中国赵州桥早507年。1779年英国建成主跨30.65 m的铸铁拱桥——Coalbrookdale桥结束了西方仅用木、石造桥的历史。中国在公元581—600年建造了云南巨津铁桥，比西方结束木、石造桥要早1 200年，但其发展远不如西方快。中国在1631年建成了贵州北盘江铁索桥，为西方建造铁索桥起到了示范作用。虽然西方在1741年（英国）才建成第一座铁链桥，但随后的发展远快于中国。1883年建成的美国纽约布鲁克林跨径486 m的公路悬索桥开启了现代悬索桥建设的先河。

鸦片战争后，中国沦为半殖民地半封建的弱国，桥梁建设发展受到严重制约，为数很少的桥梁主要由西方列强派遣的工程师进行设计与施工。

1873年建成开启桥——上海苏州河外白渡木桥，后由于该桥不能满足交通需要，1906年拆除并由英国公司新建了外白渡钢桥（至今仍在使用）。1887—1926年，天津在海河上相继建成6座钢结构开启桥，尤以万国桥最具特色。

在铁路桥梁方面，1888年由英国人金达设计、比利时公司施工的蓟运河桥（主跨62 m）是中国第一座具有近代水平的铁路钢桥。1905—1909年，中国工程师詹天佑主持设计建造的京张铁路以及怀来桥等获得成功，震惊西方工程界。代表性铁路桥梁有1894年建成的京山县滦河铁桥（钢桁梁，主跨61 m）、1911年建成的陇海线伊洛河桥（双悬臂钢桁梁，主跨90 m）、1934年建成的松花江桥（我国首座公铁两用桥）、1936年建成的粤汉线系列拱桥（钢筋混凝土拱桥，中国工程师设计建造）。1937年9月

□建于公元605年的中国赵州桥

由茅以升主持建成的钱塘江大桥为中国自行设计建造的桥梁,1937年12月因抗战需要而炸毁,后又复建。

在民国初期,孙中山先生就积极倡导修建公路,但由于国家内乱、日本侵略等影响,公路桥梁发展十分缓慢,其发展主要体现在:建设了一批具有中国特色的石拱桥,如1922年建造的12孔跨径6.1 m的山西文峪河桥,为当时最大规模的石拱桥。各地建造、改造了一批木桥,并形成了各自的特色。各地开始修建钢筋混凝土桥梁,1925年安徽建成首座跨径16 m的钢筋混凝土连续梁桥;1940年四川建成首座近代新型钢筋混凝土双悬臂梁公路大桥——通川桥(全长301 m,主跨20 m)。另外,针对山区大跨径桥梁需要,修建了少量钢桥和悬索桥。

1929年建成的南京中山桥是中国桥梁工程师独立设计施工的代表性桥梁之一。

归结起来,我国古代桥梁技术一直领先世界,其历史可以追溯到公元前13世纪。据文献记载,最早的桥梁为木桥,在这方面无论历史还是遗迹,我国均处于世界先进水平。我国古代最巅峰的桥梁当属石桥,石桥不仅在技术上遥遥领先世界,而且在规模上亦是世界罕见。我国古代还有一种值得称颂的桥梁就是索桥,国外不少桥梁专家认为索桥是我国首创。自明、清开始,由于历代当政者施行闭关锁国政策,中国桥梁技术裹足不前,尤其是自西方工业革命后,中国的桥梁技术更是远远落后于西方。英国1890年建成的主跨519 m苏格兰福思桥等代表了19世纪钢桥的最高成就,而同时期的中国在桥梁方面的建设成就非常少。具体来看,中国桥梁发展主要经历了下列阶段:以西周、春秋为主以及此前的古桥的萌芽阶段;以秦、汉为主,包括战国和三国时期的古代桥梁初步发展阶段;以唐、宋为主,包括两晋、南北朝和隋、五代时期的古代桥梁发展辉煌阶段;以元、明、清三朝为主的桥梁发展饱和阶段;以及近代

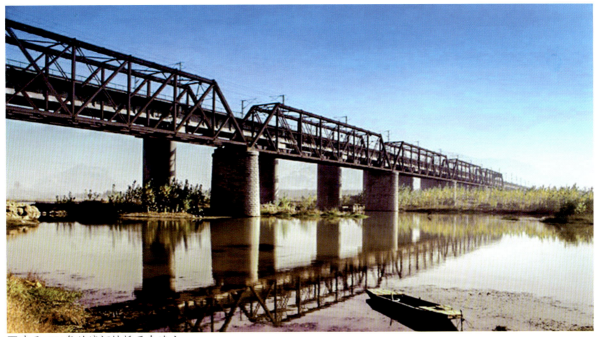

□建于1894年的滦河铁桥至今屹立

的桥梁发展停滞阶段。

1949年10月中华人民共和国成立，中国共产党带领各族人民开始了社会主义国家建设新征程。国家建设发展的基础是交通，而陆路交通发展的重点在于桥梁。70年来，中国桥梁建设经历了修复借鉴与基础奠定、就地取材与创新发展、学习追赶与桥梁崛起、跟踪提高与桥梁大国以及技术突破与桥梁强国等时期。

1951—1960年，中国桥梁处于修复借鉴与基础奠定时期。在新中国建立初期，国家百废待兴，桥梁建设也在其中。当时，一方面要对既有的桥梁进行修复，另一方面要在桥梁人才、技术等均缺乏的情况下，虚心学习借鉴外国经验进行桥梁建设。1955年和1956年，铁路与公路部门相继引进预应力技术，并设计建成陇海线新沂河桥（23.9 m 预应力混凝土简支 T 梁）和京周公路哑巴河桥（20 m 预应力混凝土简支 T 梁），目前预应力混凝土简支 T 梁已成为 20~50 m 梁桥的主要桥型。从1956年开始，石拱桥得到快速发展，1959年建成的湖南黄虎港大桥跨径达到 60 m，为该时期中国最大跨径石拱桥，同期建成的主跨 63 m 的河南唐河大桥（片石混凝土拱桥），使中国圬工拱桥首次突破 60 m。20 世纪50年代中国修建了一批悬索桥，1956年建成的岗拖金沙江大桥跨径达 92 m，为中国第一座斜缆式吊桥。武汉长江大桥建设设想始于1913年，历经多次勘察设计，直至1957年在苏联专家的协助下建成长江第一桥——主跨 128 m 钢桁梁桥武汉长江大桥（公铁两用）。武汉长江大桥为20世纪60年代中国桥梁的一座里程碑，极大地增强了中国建设发展桥梁的信心，为我国桥梁建设与发展奠定了基础。

1961—1980年，中国桥梁处于就地取材与创新发展时期。该时期中国桥梁人面对资金及建材缺

□ 建于1908年的上海外白渡桥

乏，仍然坚持桥梁建设发展，能就地取材的圬工拱桥成为公路桥梁主要选用的桥型。1961 年建成的跨径 112.5 m 的云南南盘江长虹桥使中国石拱桥跨径首次突破 100 m。同时，积极创新桥梁技术，以适应桥梁建设与交通需要，20 世纪 60 年代无锡建桥者发明了用料省、施工快速方便的双曲拱桥，并迅速得到推广，建成的河南前河桥跨径达 150 m，目前仍为同类桥梁中最大跨径。同期创造出了桁架拱桥和刚架拱桥新桥型，并得到推广。1965 年建成的主跨 50 m 的河南五陵卫河桥为中国第一座预应力 T 型刚构桥。1975 年引进创新建成了中国第一座试验性斜拉桥——主跨 75.84 m 的重庆云阳云安桥（后因三峡水库蓄水拆除），为中国成为当今世界斜拉桥强国奠定了基础。特别是南京长江大桥在 1968 年的建成，不仅对我国的经济建设起到了极大的推动作用，同时也向世人证明了外国人认为办不到的事中国人办到了，维护了中华民族的尊严，显示了中国人民大无畏的英雄气概。

1981—1990 年，中国进入改革开放时期，经济社会迅猛发展，桥梁建设也进入了学习追赶与桥梁建设崛起时期，桥梁建设得到快速发展。该时期斜拉桥得到广泛推广，1982 年建成的济南黄河公路斜拉桥，主跨 220 m，成为中国早期斜拉桥建设的里程碑。预应力混凝土连续梁桥建设进入高潮，1980 年建成的主跨 174 m 的预应力 T 型刚构桥——重庆长江大桥成为中国预应力混凝土梁式桥发展的里程碑，至今仍为世界同类最大跨径桥梁。跨径 180 m 的预应力混凝土连续刚构桥——番禺洛溪大桥 1988 年建成，为后续混凝土桥大发展打下基础。1988 年，中国自主建设上海南浦大桥结合梁斜拉桥，实现了我国斜拉桥具有里程碑意义的突破。中国桥梁建设开始崛起，这增强了中国桥梁界的信心，掀起了 20 世纪

90 年代在全国范围内自主建设大跨度桥梁的高潮。

1991—2000 年，中国桥梁进入跟踪提高与桥梁大国形成时期。由于国家改革开放持续深化，经济迅猛发展，国家实力进一步增强，桥梁建设得到更多重视与更大支持。桥梁建设全面起步并进入跨江会战期，黄石长江大桥（梁桥）、铜陵长江大桥（斜拉桥）、万州长江大桥（拱桥）、南京长江二桥（斜拉桥）、江阴长江大桥（悬索桥）、上海杨浦大桥（斜拉桥）等大型跨江桥梁建造技术障碍被攻克。其中，主跨 400 m 的斜拉桥——上海南浦大桥于 1991 年建成，成为中国自主建设大跨径桥梁的开始。1993 年建成的上海杨浦大桥，主跨 602 m，在双塔空间、双索面钢 - 混凝土结合梁斜拉桥中居当时世界第一。1999 年竣工的江阴长江大桥，以 1 385 m 的跨径居 20 世纪"中国第一、世界第四"，更重要的是该桥为中国人自己设计、建设的第一座跨径超千米的大桥。1997 年，主跨 420 m 的重庆万州长江大桥建成，保持世界最大跨度的混凝土拱桥纪录 20 年，获得国家科技进步一等奖。该时期中国桥梁在数量上迈入世界桥梁大国行列，不同类型桥梁的建设实践，为新世纪更大规模的跨江海公路桥梁建设奠定了坚实基础，世界级桥梁的建成奠定了中国在国际桥梁界的地位。

2001—2019 年，进入新世纪的中国，经济建设突飞猛进，成为了世界第二大经济体。国家对交通

□和谐号穿过建于1937年的钱塘江大桥

建设更加重视，党的"十九大"报告提出交通强国，对桥梁建设发展提出了更高要求。伴随着西部大开发、中部崛起等重大战略举措的实施，高速公路、高速铁路向山区攻坚延伸，向海洋克难伸展，在地形、地貌、水文条件复杂的中西部地区的桥梁建设日新月异，跨海桥梁建设如火如荼。中国桥梁进入技术突破与桥梁强国形成时期。2001 年建成南京长江二桥，主跨 628 m，为钢箱梁斜拉桥，其跨径在当年同类桥型中居国内第一、世界第三。2003 年，主跨 550 m 的钢结构拱桥——上海卢浦大桥通车，该桥建成时居世界同类桥型跨径第一，同时也是世界上首座完全采用焊接工艺连接的大型钢拱桥。2004 年建成的主跨460 m 的重庆巫山长江大桥为当时世界最大跨径钢管混凝土拱桥。2005 年，主跨 1 490 m 润扬长江公路大桥建成通车，跨径居当时世界第三。2006 年，最具创新性的主跨 330 m 的重庆长江大桥复线桥建成，将世界连续刚构桥最大跨径从 301 m（南斯拉夫 KRK 桥）提高到 330 m，成为世界同类桥梁跨径新纪录。2008 年，世界第一座超千米的斜拉桥——主跨 1 088 m 的苏通长江公路大桥建成，成为世界斜拉桥建设新的里程碑。2009 年，主跨 552 m 的钢桁拱桥——重庆朝天门长江大桥建成，为当今世界最大跨径拱桥，该桥被称为技术与艺术的完美结合；同年，武汉天兴洲长江大桥通车，成为世界上主跨最大的公铁两用斜拉桥；西堠门大桥以主跨 1 650 m，成为悬索桥跨径的中国第一、世界第二大桥。2012年，湖南矮寨大桥主跨达 1 176 m，多项技术创世界第一；同年，江苏泰州大桥为世界上首座三塔两跨千米级悬索桥。2013 年，主跨 530 m 的四川合江长江一桥建成，该桥为世界最大跨径钢管混凝土拱桥。2016 年，主跨 720 m 的斜拉桥——贵州北盘江特大桥桥高达 565.4 m，为新的世界最高桥梁。2018 年，港珠澳大桥通车，全长 55 km，是世界上里程最长、沉管隧道最长、寿命最长、钢结构最大、施工难度最大、技术含量最高、科学专利和投资金额最多的跨海大桥。港珠澳大桥成为中国由世界桥梁大国迈入世界桥梁强国的里程碑。即将建成的主跨 1 700 m 的武汉杨泗港长江大桥是世界上工程规模最大的双层悬索桥，其悬索桥跨度在国内排名第一、世界排名第二。

改革开放前，中国桥梁数量为 12 万座，如今公路、铁路、城市等桥梁总数已超过 110 万座，也就是说，改革开放 40 多年，中国新增桥梁近 100 万座，平均每年建成桥梁 2.5 万座，且在世界跨径处于前十的梁桥、拱桥、斜拉桥、悬索桥中，中国桥梁超过 1/2。中国桥梁不但数量最多，桥梁设计理论、建造技术也已处于世界领先水平。同时，中国桥梁标准、技术开始走向世界，由中国设计、制造、施工、提供咨询的桥梁遍布美洲、欧洲、亚洲、非洲。

中国正在迈入世界桥梁强国行列。

BRIDGES BY CHINA
70 YEARS
1949—2019

第二篇

修复借鉴与基础奠定

引 言

　　1949 年，新中国成立伊始就将经济发展作为国家建设的主要任务。然而，由于长期动乱与战争，国家经济十分落后，百业待举，百废待兴，首先需要恢复和发展的就是交通运输业，其中桥梁成为道路运输发展的最大制约。

　　新中国成立后，为适应道路交通运输需要，迅速修复并加固了许多旧桥，也新建成不少大桥，包括举世瞩目的武汉长江大桥。

　　桥梁恢复与建设不但需要理论、技术与人才，更需要用于桥梁恢复与建设的材料。20 世纪 50 年代，由于钢材和水泥建筑材料供应非常紧张，对既有桥梁的修复、恢复都存在困难，新建桥梁中除了木材，其他材料的选择都缺乏余地，因此，修建木桥成为无奈之举。

　　20 世纪 50 年代修建的木桥主要采用简支体系，上部结构形式有组合木梁、叠合木梁、八字撑架梁以及用于跨径较大的木桁架梁。下部结构多采用木架桩或石砌墩台，设计计算方法主要学习和借鉴苏联的方法，施工则多以人工操作为主。当时修建的木桥总长度达 60 万延米，对缓解当时公路交通的紧张状况起到了非常重要的作用。由于全木结构或石台木面结构桥梁的承载能力低、使用寿命短，随着道路交通发展，当时建造的木桥陆续被改造或退出服役。

　　拱桥是具有中国特色的桥梁，即使在各方面均困难的 20 世纪 50 年代，拱桥建设仍在坚持。石拱桥由于可以就地取材并非常适合中小桥建设而成为木桥以外的主要桥型。1959 年，借鉴苏联夹木板拱架技术，建成了当时跨度最大的石拱桥——主跨 60 m 的湖南黄虎港桥，为 60—70 年代

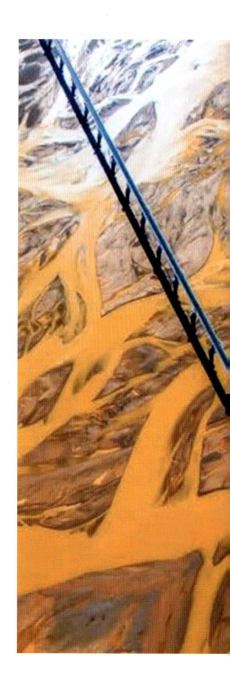

□青藏铁路大桥像一把梳子，轻轻划过长江的上游沱沱河（姜曦 摄）

石拱桥大规模建设奠定了基础。

为适应铁路对桥梁刚度的要求，钢筋混凝土拱桥也得到了发展，1956 年建成包（头）兰（州）线东岗镇黄河单线上承式钢筋混凝土肋拱桥，拱跨为 3 孔 53 m。1959 年建成詹（店）东（观）线丹河上承式钢筋混凝土肋拱桥，跨径达到 88 m。

为快速提升桥梁建设能力与水平，我国桥梁界积极学习借鉴国外先进桥梁建设理念与技术，试制成功中国第一片预应力混凝土梁，并于 1956 年首先在东陇海线新沂河铁路桥上建成了跨度为 23.9 m 的预应力混凝土简支梁以及第一座 20 m 跨度的公路预应力混凝土简支梁桥，为后来占桥梁总量 90% 以上的混凝土桥梁建设奠定了基础。

为了跨越长江天堑，实现跨长江桥梁零的突破，桥梁建设者们虚心学习苏联桥梁管柱基础、桥梁钢结构疲劳与焊接、钢结构设计、制造和施工等技术，并在苏联专家的协助下，于 1957 年建成万里长江第一桥——武汉长江大桥，首次实现长江天堑变通途。同时，借助武汉长江大桥等建设，国家组建了公路、铁路等桥梁研究、设计、施工机构，锻炼培养了桥梁建设队伍和一大批人才。

20 世纪 50 年代，通过恢复、加固、新建桥梁，保障了当时道路运输的基本需求，通过向国外学习借鉴，开创了预应力桥梁建设，特别是武汉长江大桥成为中国桥梁的一座里程碑，不仅为后来南京长江大桥等的建设打下了基础，更重要的是极大地增强了中国建设发展桥梁的信心。

兰新铁路黄河大桥
——新中国首座黄河铁路桥

地点：甘肃省　建成时间：1955 年

　　兰新铁路黄河大桥是新中国成立后建造在黄河上的第一座铁路桥。

　　该桥由铁道部第一勘测设计院设计，道铁部第一工程局施工，于 1954 年 4 月开工修建，1955 年 7 月 1 日建成通车。大桥设计荷载等级中 −22，桥长 293 m，桥面宽 5 m，主跨 7 孔、跨径 32 m，副跨 2 孔、跨径 24 m。孔跨布置为 24 m+7×32 m+24 m，上部结构为连续 T 型梁钢板结构，混凝土桥墩。

　　当年的建桥技术、机械设备均落后，建设困难巨大。建桥工人利用冬季黄河封冻期，冒着零下 20 ℃的严寒凿冰施工建设桥墩，全国各地大力支援，沈阳制造巨型钢梁，华北、中南、东北运来了水泥、木料和各种钢材，武汉等地派来潜水工和造船工，两岸农民拿出羊皮筏子帮助工人运送材料……中国人完全用国产材料，并以智慧和力量设计建造了该大桥。

　　兰新铁路黄河大桥的建成，替代了原有限速 10 km 的木架钢梁便桥，保障了原油运输和支援新疆建设的列车高效安全通行，为经济社会建设起到了重要作用。

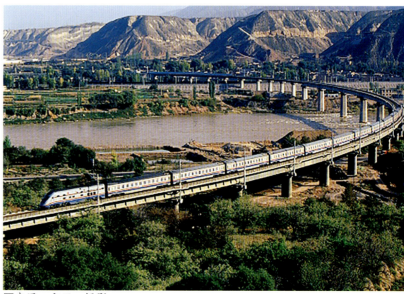

□来源：文石　摄影

武汉长江大桥

——万里长江第一桥

地点：湖北省　建成时间：1957 年

武汉长江大桥是新中国成立后在长江上修建的第一座公铁两用桥，是武汉市的标志性建筑，被称为"万里长江第一桥"。武汉长江大桥全长约 1 670 m，跨径为 128 m，是苏联对华援建的工程之一。

武汉长江大桥建设历经五次规划。第一次规划是 1913 年在詹天佑的支持下，北京大学工科德国籍教授乔治·米勒带领学生进行选址、勘察和方案设计。第二次规划是在 1919 年孙中山的《实业计划》论述中提到武汉修建长江大桥或隧道的选址问题，并于 1921 年通过公开招标提出了桥型方案，终因建设费用庞大，计划也不了了之。1929 年对设计方案进行了优化，但同样由于耗资巨大，且当时国民政府正忙于应付内部军事派系斗争而无下文。第三次规划是 1935 年由茅以升担任处长的钱塘江大桥工程处又对武汉长江大桥桥址作测量钻探，并请苏联驻华莫利纳德森工程顾问团合作拟订又一建桥计划。该计划还是因为集资困难而不了了之。1937 年不得已采取火车乘渡轮过江，成为"江城一景"。抗日战争结束后，百废待兴，而兴建武汉长江大桥的计划第四次提出。1946 年以茅以升为总工程师的团队再一次进行规划，遗憾的是国民政府忙于内战，经济困难，无暇顾及长江大桥的建设，修建武汉长江大桥的计划再次搁置。

第五次规划是在 1949 年 9 月的中国人民政治协商会议第一届全体会议上通过建设武汉长江大桥议案。1950 年组成以茅以升任专家组组长的勘探设计组，毛泽东亲自察看现场，1953 年完成初步设计，采用公铁两用三孔一联等跨连续钢桁梁桥。随后开展了大量水中基础施工等方案论证。1955 年成立了以茅以升任主任委员的武汉长江大桥技术顾问委员会，审定了武汉长江大桥技术设计方案并得到国务院批

准，标志着武汉长江大桥建设工程开始进入实施阶段。

经国务院批准，武汉长江大桥于 1955 年 9 月 1 日动工。1956 年 6 月，毛泽东从长沙到武汉，第一次游泳横渡长江，当时武汉长江大桥已初见轮廓，毛泽东即兴写下《水调歌头·游泳》一词，其中广为传诵的一句"一桥飞架南北，天堑变通途"，正是描写武汉长江大桥的气势和重要作用。1957 年 9 月 25 日，武汉长江大桥全部完工。1957 年 10 月 1 日，国家发行了一套两枚纪念邮票《武汉长江大桥》。1962 年 4 月，武汉长江大桥作为正面图案印在第三套人民币中的贰角人民币上。

即使在今天来看，武汉长江大桥同样特色突出：桥墩基础施工采用"管柱钻孔法"，开创了中国建桥史上的新工艺；建成的四方八角桥头堡亭，建桥英雄群像大型泥塑展列其中，在亭中眺望四周，望大江东去，整个武汉三镇连成一体尽收眼底；正桥人行道外缘，铸有各种飞禽走兽的齐胸栏杆；大桥的两侧是对称的花板，内容多取材于中国的民间传说、神话故事等，有孔雀开屏、鲤鱼戏莲、喜鹊闹梅、玉兔金桂、丹凤朝阳、雄鸡报晓、鸟语花香、菊黄蟹肥、石榴结籽、猕猴摘桃、鱼跃荷香等，极具民族气息。武汉长江大桥纪

念碑和观景平台与大桥相互依偎，南
面镌有毛泽东同志"一桥飞架南北，
天堑变通途"的诗句，是游人赏长江、
看大桥的最佳位置之一。

武汉长江大桥是新中国成立后在
"天堑"长江上修建的第一座大桥，也
是古往今来，长江上的第一座大桥，
是中国第一座双线铁路、公路两用桥，
凝聚着中国桥梁工作者的智慧和精湛
的工艺。桥梁建成之后，成为连接中
国南北的大动脉，对促进南北经济的
发展起到了重要的作用。

武汉长江大桥是以茅以升为代表的我国桥梁人克服万难并得到以西林为首的苏联专家协助取得的最
具标志性的桥梁建设成就之一。以当时的普通混凝土、a3钢材以及桁梁铆接法建成的武汉长江大桥运营
60余年来仍然完好如初，不能不说是一个成功的范例。

2016年9月，武汉长江大桥入选全国重点保护文物及"首批中国20世纪建筑遗产"名录。

沱沱河大桥群
——长江源头第一桥

地点：青海省　建成时间：1958—2005 年

　　1954 年，因修筑青藏公路，在沱沱河上建成"水下石桥"，也叫漫水桥，这可谓沱沱河第一代公路桥。

　　1956 年，为了进一步提高通行能力，在沱沱河上建成 24 m 长的木结构公路桥，为沱沱河第二代公路桥。

　　1958 年，建成的沱沱河桥坐落在 109 国道距西宁 1 197 km 处的沱沱河上，是唐古拉山地区修建最早和最长的一座公路钢筋混凝土桥梁。桥位海拔 4 700 多米，是当今世界海拔最高的桥梁之一。桥梁全长 273.56 m，为 24 孔 11.36 m 的钢筋混凝土排架桩 T 型梁装配式桥。全桥宛如长虹垂挂于雪山峡谷之间，颇有"晴虹桥映出，雪岭落长河"之慨，是真正意义上的"长江源头第一桥"。该桥属于沱沱河第三代公路桥。

□沱沱河第三代公路桥

□沱沱河第四代公路桥

□沱沱河第五代公路桥

　　1987 年，在上游原桥旁边重建了公路桥梁，桥长 324 m，宽 11 m，为 16 孔 20 m 钢筋混凝土简支 T 型梁桥，后由于高原冻涨导致桥墩破坏而停用。该桥可谓沱沱河第四代公路桥。

　　2001 年，修建了现在的沱沱河公路大桥，即沱沱河第五代公路桥。

　　2005 年，青藏铁路的长江源特大桥建成。它和旧的混凝土桥遥相呼应，都默默地横跨在长江源头上，见证着历史。桥梁全长 1 389.6 m，为 42 孔 32 m 后张法预应力混凝土梁桥。在大桥的一侧赫然耸立"长江源"纪念碑，它位于海拔 4 600 m 处的沱沱河大河融区，是多年高原冻土地段，融区最大冻结度 5 m。桥梁建设者们解决了在冻土区建造桥梁的世界性技术难题，是青藏铁路全线的一个缩影，凝结着中国人用铁路连通青海和西藏的雄心、智慧和努力。

□青藏铁路的长江源特大桥

黄虎港大桥

——突破千年石桥跨径纪录之桥

地点：湖南省　建成时间：1959 年

　　我国的石拱桥建设历史悠久，《水经注》里提到的"旅人桥"，大约建成于公元282 年，是有记载的最早的石拱桥。世界著名的河北赵州桥（又称安济桥），建于公元605 年，由隋朝匠师李春设计建造，距今已有1 400 多年的历史。赵州桥横跨在37 m 多宽的河面上，因桥体全部用石料建成，当地人又称其为"大石桥"。它是世界上现存最早、保存最完整的古代单孔敞肩石拱桥，入选世界纪录协会世界最早的敞肩石拱桥。赵州桥是古代劳动人民智慧的结晶，是中国乃至世界桥梁建造的宝贵财富。

虽然我国在 1 400 多年前就创造了赵州桥这样的石拱桥世界奇迹，但由于封建社会对科技发展不重视，直至新中国成立，中国的石拱桥最大跨径仍没有超过赵州桥的 37.02 m。

20 世纪 50 年代，国家经济建设全面恢复发展，交通建设也不例外。1959 年建成的黄虎港大桥，打破了赵州桥保持了 1 300 多年的拱桥跨径纪录，成为当时中国最大跨径石拱桥。

黄虎港大桥位于湖南省石门县，为空腹式等截面圆弧石拱，主孔跨径 60 m，桥面净宽 8 m，设计荷载为汽—13 级，挂—60 级。黄虎港大桥修建工程异常艰苦，桥梁高达 60 m，两岸为石壁悬岩，数以千计的民工们借助百余米长的绳子，悬吊在峭壁上扶钎抡锤，苦战月余，终于在悬崖上凿出一条小路和施工场地。桥梁在满堂式拱架上砌筑形成。

黄虎港大桥的建设，是石拱桥建桥技术的大胆尝试，它的建成得益于大桥建设者们继承和发扬我国古代劳动人民建筑石拱桥的丰富经验，使我国桥梁建筑技术向前跨进了一步，为后来修建更大跨径石拱桥提供了宝贵的经验。

为了纪念黄虎港大桥建设，在桥西拐弯处树立了黄虎港大桥纪念碑。

白沙沱长江大桥

——万里长江第二桥

地点：重庆市 建成时间：1960 年

　　1952 年，中国人自主修建的新中国首条钢铁大动脉——成渝铁路建成并全线通车。为了连接成渝铁路与川黔铁路，白沙沱长江大桥的修建被提上日程，该桥的建成让所处长江天堑变成通途。白沙沱长江大桥位于靠近重庆西南郊的白沙沱和江津区珞璜镇之间，是一座双线铁路桥，1958 年开工，1960 年竣工，是继武汉长江大桥后修建的第二座长江大桥（又名小南海大桥）。

　　白沙沱长江大桥建成后始称"重庆长江大桥"，后因重庆主城珊瑚坝长江大桥（曾称重庆石板坡长江大桥，现重庆长江大桥）建成后，更名为白沙沱长江大桥，是重庆最早修建的长江大桥，也是万里长江

第二桥。桥梁全长 820.3 m，共 16 孔，主跨为一联 4 孔 80 m 下承铆接连续钢桁梁，北 3 孔、南 9 孔均为 40 m 上承式钢板梁。

　　白沙沱长江大桥解决了长江天堑的阻隔，不再靠车船上下转运，既耗人力物力，效率又低，大大促进了当地的经济社会发展。该桥成为重庆经遵义至贵阳间高效便捷的铁路通道，并使该线路与兰渝铁路、贵广铁路共同构成高标准、大能力、快速度的铁路通道，促进西南、西北与珠三角、港澳等地区人员、物资交流。

　　2019 年 4 月 23 日 17 时 42 分，一声汽笛，给静卧在夕阳里的钢铁大桥献上深情的离别之歌，最后一趟旅客列车缓缓驶过暮色苍茫的白沙沱长江大桥，服役了 59 年的大桥完成历史使命，退役。

　　应铁路发展需要，替代白沙沱长江大桥的新白沙沱长江大桥已于 2018 年建成。

□新旧两条白沙沱长江特大桥

□建于1956年的包兰线黄河铁路大桥

BRIDGES BY CHINA
70 YEARS
1949 — 2019

第三篇

就地取材与创新发展

引 言

20 世纪 60 年代，我国工程建设所需材料贫乏、资金奇缺，包括交通建设在内的各领域建设均陷入了困境。

中国桥梁人深知交通发展对国家建设的重要性。当时的交通以陆路交通为主，而桥梁建设又是陆路交通的基础。中国桥梁人面对建筑材料与建设资金短缺等困难，将公路桥梁建设的重点放在可以少用或不用水泥或钢材，能够就地取材并且民众参与度高的经济性桥型——圬工拱桥上。圬工拱桥包括石拱桥、素混凝土拱桥等。由于素混凝土拱桥虽无需钢筋，但少不了水泥，因此，当时桥梁建设的重任主要由石拱桥承担。

石拱桥为砌体结构，需要在支架上施工，其技术经济合理的跨径比其他材料与体系的桥梁小很多。自 1959 年建成当时跨度最大的石拱桥——主跨 60 m 的湖南黄虎港桥后，20 世纪 60 至 70 年代，中国石拱桥建设得到跨越式发展。1961 年，采用钢拱架施工的主跨 90 m 的洛阳龙门桥建成，刷新了石拱桥跨径纪录。采用在满堂木拱架上分环、分段、预留空隙等工艺建成的云南长虹桥主跨达 112.5 m，使石拱桥跨径突破 100 m，成为新的最大跨度石拱桥。1972 年，新的世界纪录石拱桥——主跨 116 m 的重庆丰都九溪沟桥建成，使我国的石拱桥技术达到了新的高度。

要在水泥钢筋与施工设备缺乏的情况下建桥，非技术创新不可。采用化整为零，预制拱肋和拱波，再组合拼装起来与现浇混凝土拱背层形成拱圈的双曲拱桥就是于 1964 年由无锡桥梁人创造的一种新桥型，并在全国小跨径桥梁中得到广泛应用，仅江苏就建造双曲拱桥 4 000 余座，为当时我国地方交通事业尤其是农村交通发展做出了重要贡献。1968 年建成的跨径 150 m 的河南嵩县前河桥成为单孔跨径最大的双曲拱桥。1972 年建成的橘子洲大桥全长 1 250 m，成为全国规模最大的双曲拱桥。

双曲拱桥的优点是采用"化整为零：集零成整"方式建造，不需要大型机械设备，该优点也正是该桥型的弱点，即结构整体性不足，长期使用可靠性有欠缺。为了克服双曲拱桥的弱点，中国桥梁人提出了一种新的轻型桥梁——桁架拱桥。桁架拱桥是指中间用实腹段，两侧用拱形桁架片构成的拱桥。桁架拱桥的特点是实腹段与两侧拱形桁架片起着拱的受力作用，拱脚有水平推力可减小跨中弯矩；这种桥比一般带拱上建筑的肋拱桥受力合理，可节省材料，减小自重，适用于地基较差的场地。桁架拱桥首先被应用在浙江省、江苏省和河南省，1971 年建成主跨 50 m 浙江余杭里仁桥，1973 年建成主跨 60 m 的江苏苏州觅渡桥，1976 年建成河南嵩县 9×50 m 多孔桁架拱桥。

另一种轻型桥梁——刚架拱桥也在这一时期创造。刚架拱桥是指外形似斜腿刚架的拱桥。由刚架拱片、横系梁与桥面系组成，属于有推力的高次超静定结构。刚架拱桥的特点是较其他类型拱桥构件少、自重轻、材料省，适用于地基较差的桥位处，在中、小跨径桥梁中得到广泛应用。

虽然 20 世纪 60 至 70 年代中国桥梁建设十分艰难，但桥梁界的学习与创新并未停顿，学习国外斜拉桥建造技术就是其中之一。1975 年，在引进消化的基础上创新，中国首座斜拉桥——主跨 75.84 m 的云安桥在重庆云阳建成。由于当时我国没有高强钢丝，所以该桥采用钢芯缆作为拉索。随后，采用粗钢筋拉索的主跨 54 m 的上海新五桥建成。重庆云安桥和上海新五桥的建成对中国斜拉桥的发展乃至今天的引领世界奠定了基础。1980 年建成了我国第一座预应力混凝土斜拉桥——四川三台涪江桥，该桥采用 24Φ5 高强度钢丝拉索。

越是困难的时候，越能激发中国桥梁人的潜能，南京长江大桥的自主建成就说明了这一点。20 世纪初开通的沪宁铁路和津浦铁路在南京被长江隔断，过江客货都要乘船摆渡，严重影响了运输效率。1916 年就曾经动议接通南北运输；1918 年曾邀请法国桥梁专家进行建桥无果而终；1930 年邀请外国专家对下关、浦口间建桥地址进行了考察，给出"水深流急，不宜建桥"的结论；1933 年下关煤炭港至浦口开通了中国首个火车轮渡；1936 年和 1946 年又先后两次考虑建桥，但因抗日战争和解放战争爆发而作罢。从上述可见，南京长江大桥建设非常难。新中国成立后，国务院于第一个五年计划末提出了修建南京长江大桥的计划，以跨越天堑。南京长江大桥地质复杂，水深流急，即使在现在，其建设难度也非常大，在当时资金、技术、材料严重缺乏的条件下，桥梁建设的难度更是难以想象。然而，中国桥梁人发扬大无畏精神，依靠自己的聪明才智，走自力更生的道路，采用中国自己生产的钢材，克服多方面困难，奋斗 8 年，最终于 1968 年建成了世界瞩目的公铁两用南京长江大桥。南京长江大桥的建成，不仅对我国的经济建设起到了极大的推动作用，同时也向世人证明了外国人认为办不到的事中国人办到了，维护了中华民族的尊严，显示了中国人民大无畏的英雄气概。

南盘江长虹桥

——首破石拱桥跨径 100 m 大关

地点：云南省　建成时间：1961 年

20 世纪 60 年代初，随着经济发展及国防建设的需要，云南开远南盘江既有吊桥已不能适应交通运输的需要。针对当时国家经济、技术水平均较低下的实际情况，因地制宜，就地取材，于 1961 年在南盘江上建成了经济、适用、安全的石拱桥。大桥全长 127 m，高 30 m，桥面宽 9 m，单孔跨径达到 112.5 m，气势壮观，形如江上临空飞架的彩虹，故名"长虹桥"。长虹桥是当时国内单孔跨径最大的空腹式石拱桥，也是世界最大跨径石拱桥。

由于当时技术条件的限制，大桥修建完全是人工操作，13 人为之付出生命。为纪念建桥献出生命的工人们，他们的遗体就埋葬于长虹桥畔的山坡上，成了大桥永远的守望者。1961 年 9 月，经过一年半的修建长虹桥通车，让人望而兴叹的南盘江终于驯服地躺在了长虹桥下，桥上一副"河水让路，高山低头"的对联充分展示了当时建桥工人的豪迈气派。

长虹桥至今保存完好，充分展现我国建造石拱桥的高超技艺。该桥获 1978 年全国科学大会奖，列为国家一级保护桥梁。

□南盘江长虹桥

九溪沟桥：

重庆丰都于 1972 年建成九溪沟桥。该桥为一座大型石拱桥，桥长 140 m，主跨为 116 m。九溪沟桥建成时是世界上跨径最大的石拱桥，被业内人士誉为桥梁界的神话，纪录保持达 18 年之久。1978 年，九溪沟大桥获全国科学大会技术成果奖，1992 年被中国邮票协会印制成邮票在全国发行。

□九溪沟桥

乌巢河大桥：

时隔 18 年，跨越湖南凤凰县沱江源头乌巢河峡谷的石拱桥——乌巢河大桥建成。该桥主跨 120 m，刷新了九溪沟桥保持的世界石拱桥最大跨径纪录。

□乌巢河大桥（来源：天舞 摄）

东拱桥
——中国创造的双曲拱桥

地点：江苏省　建成时间：1964 年

　　20 世纪 50 年代末至 60 年代初，我国工业水平低，技术力量落后，基本建设资金缺乏。在此情况下，交通基础设施建设自然以节约资金和便于施工为前提，投资节省、技术成熟的圬工拱桥就成为当时修建公路桥梁的首选桥型。1964 年江苏省无锡桥梁人在继承明清传统石拱桥结构特点的基础上，吸取了装配式钢筋混凝土桥梁施工的优点，创建了一种在结构和施工工艺上不同于传统石拱桥的全新桥梁结构，并在无锡县东亭建成了长 9 m、宽 1.5 m 的农用桥梁，被称为东拱桥。该桥主拱圈由拱肋、拱波、拱板和横向联系构件几个部分组成，外形在纵横两个方向均成弧形曲线，故称之为双曲拱桥。

　　东拱桥是江苏无锡桥梁人原创的世界上第一座双曲拱桥。东拱桥虽因破坏性试验现已不复存在了，但它是中国一个特定历史时期的产物，它的推广建设（仅在双曲拱桥问世后十年内，全国就建成 4 000 多座，总长约 30 万延米）对当地乃至全国交通建设及经济腾飞的贡献是不可估量的。

　　1968 年建成的跨径 150 m 的河南嵩县前河大桥成为单孔跨径最大的双曲拱桥。

□ 东拱桥

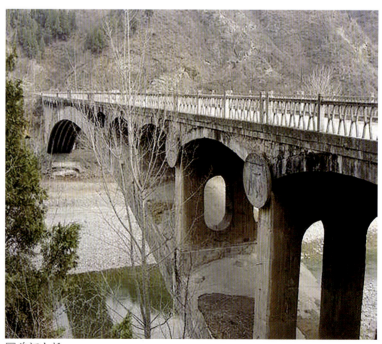

□ 前河大桥

□橘子洲大桥

　　1972 年建成的橘子洲大桥（原名长沙湘江大桥）全长 1 250 m，主桥 21 跨，其中正桥为 17 跨双曲拱桥，最大宽径 76 m，桥面净宽 20 m（其中车行道 14 m，两边人行道各 3 m）。该桥为全国规模最大的双曲拱桥。

　　1972 年建成的无锡县双曲拱桥——新虹桥，其跨径达到了 80 m。1973 年，上海科教电影制片厂在无锡拍摄了科教片《双曲拱桥》，全面反映了双曲拱桥的结构与建造。该片在意大利国际电影节上获奖。

　　1978 年，国家邮电部发行的《公路拱桥》特种邮票中的第二枚就是"无锡新虹桥——双曲拱桥"，这是中国首次以双曲拱桥为题材设计的邮票。双曲拱桥虽然因其结构存在不足、跨越能力有限而不再使用，但其在中国桥梁发展史上的重要地位犹存。

□新虹桥

牛角沱嘉陵江大桥群

——桥都重庆主城区首座城市跨江桥梁 & 公轨并行复线桥

地点：重庆市　建成时间：1966—2011 年

牛角沱嘉陵江大桥：

重庆牛角沱嘉陵江大桥位于渝中区上清寺和江北区华新街之间，是重庆市区第一座城市大桥，1958 年开工，1966 年竣工。主桥为铆合钢桁架双悬臂桥，引桥为钢筋混凝土 T 型桥，总长 625.71 m，宽 21.5 m。牛角沱嘉陵江大桥的建成通车前后历经 8 年时间，克服了苏联专家撤走、三年自然灾害等各方面的艰难，才建成了这座大桥。

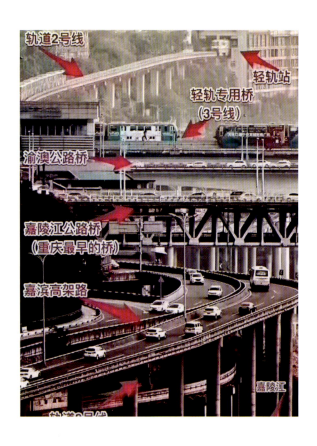

□ 夜色下的牛角沱嘉陵江大桥群

□牛角沱嘉陵江大桥

渝澳大桥:

2001 年年底，重庆与澳门的友谊之桥"渝澳大桥"建成通车，距牛角沱嘉陵江大桥约 200 m，实现进出渝中区分桥行驶。

渝澳大桥桥型为预应力混凝土连续刚构桥。全桥长 1 458.312 m，主跨 160 m，跨径组合为 96 m+160 m+96 m，引桥为斜棱板预应力混凝土连续梁桥单向 4 车道。该桥是重庆目前最轻灵、最漂亮的城市桥梁之一，成为重庆市的标志性景观。蓝色的桥墩，五彩的灯饰，使这座大桥犹如嘉陵江水天之间的一道美丽彩虹。

□牛角沱嘉陵江大桥、渝澳大桥"姊妹桥"

重庆轨道2号线高架桥：

2004年，中国首条跨座式单轨重庆轨道2号线开通，在牛角沱段全用高架桥通过，因列车在紧邻的李子坝站穿楼通过而闻名全国。

牛角沱轨道专用桥：

2011年，重庆轨道3号线牛角沱专用桥建成通车，该桥总体布置与重庆渝澳大桥一致。

□穿楼而过的轨道2号线

南京长江大桥

——中国人自主建造的"争气桥"

地点：江苏省　建成时间：1968 年

　　1930 年，国民政府重金聘请美国的桥梁专家，评估建设一条跨长江大桥的可能性。经实地勘测，专家给出的结论是"水深流急，不宜建桥""在南京造桥，不可能"。

　　南京长江大桥是长江上第一座由中国自行设计和建造的双层式铁路、公路两用桥梁，在中国桥梁史和世界桥梁史上都具有重要意义，是中国经济建设的重要成就、中国桥梁建设的重要里程碑，具有极大的经济意义、政治意义和战略意义，有"争气桥"之称。

　　20世纪初开通的沪宁铁路和津浦铁路在南京被隔断在长江两岸无法贯通，过江客货都要乘船摆渡，严重影响了运输效率。自1916年至1946年多次动议建桥，终因政治、经济、战争等原因未能实现。新中国成立后，为解决"天堑"长江问题，国务院于第一个五年计划末期即提出修建南京长江大桥的计划。从1956年到1960年，通过艰苦的勘察设计工作，桥梁总体建设方案得到国家批准。

　　南京长江大桥铁路部分全长6 772 m，公路部分全长4 589 m，是当时中国桥梁长度之最。桥梁正

桥为钢桁梁结构，其布置为 1 联 128 m+3 联 3×160 m。引桥采用富有中国特色的双孔双曲拱桥形式。桥头堡采用大小复合式桥形式，大堡塔楼高 70 m、宽 11 m，其中顶端高 5 m、长 8 m 的钢制"三面红旗"呈飞跃前进状，象征着 20 世纪 50 年代的人民公社、大跃进和总路线。三面红旗的桥头堡在建成后风靡全国，被多次模仿。小堡为 5 m 高的灰色"工农兵学商"混凝土群像，各有一座高 10 余米的工农兵等五人雕塑，为当时中国社会的 5 大组成部分，即工、农、兵、学、商。桥梁栏杆上嵌着 100 块向日葵镂空浮雕、96 块风景浮雕和 6 块国徽浮雕，其中，在 96 块风景浮雕中有 20 块不重复的浮雕都是描绘祖国山河风貌和歌颂社会主义中国的巨大成就，堪称"新中国红色经典"。

南京长江大桥建设面临的主要困难：一是地质复杂，水深流急，在当时的技术条件下建桥难以想象；二是洪汛灾害导致桥墩沉井基础施工十分艰难；三是建设资金极度缺乏，建设材料短缺。虽然有上述困难，但通过走自力更生的道路，采用我国自己生产的钢材，桥梁建设者们克服了技术与自然灾害等多方面的困难。

南京长江大桥下部基础设计是中国独创，首创了浮式钢沉井加管柱的复合基础等。桥梁钢梁部分所用钢材近 3.3 万吨。其中 2 万吨原拟向苏联订购高强度合金钢，后因合同被撕毁，于是改用我国自己试制成功的 16 锰桥梁钢，这是我国桥梁工程首次使用高强度低合金钢。桥梁钢梁首次使用无缝线路，全长的焊接钢轨长达 467 m，是我国第一座使用高强度螺栓代替铆钉的大桥。大桥铁路引桥桥墩为双柱式框架结构，采用跨度 31.7 m 预应力钢筋混凝土梁，在当时属国内首创。南京长江大桥凝聚了中国科技人员的智慧，为中国桥梁技术奠定了坚实基础。

世界瞩目的公铁两用南京长江大桥最终于 1968 年建成。该桥是桥梁技术、艺术、文化紧密结合的典范。曾以"世界最长的公铁两用桥"被载入《吉尼斯世界纪录大全》，1978 年获全国铁路科技大会优秀科技成果奖及全国科学大会奖，1985 年获得国家科学技术进步奖特等奖，2014 年 7 月入选不可移动文物，2016 年 9 月入选"首批中国 20 世纪建筑遗产"名录。

柳江大桥
——中国第一座 T 型刚构桥

地点：广西壮族自治区　建成时间：1968 年

□柳江大桥

　　柳江大桥又名柳江一桥，于 1968 年建成，主桥长 408.19 m，主跨 124 m，挂梁长 25 m，是我国采用悬臂浇筑法施工的第一座预应力混凝土 T 型刚构桥，是当时中国第一、世界第十三的先进方案。

　　1971 年福建省又建成主跨 144 m 的预应力混凝土 T 型刚构桥——乌龙江大桥。乌龙江大桥桥址复杂情况超过武汉长江大桥，仅次于南京长江大桥。江中两墩首次采用钢板桩围堰管柱基础，在正逆流向大潮差情况下，采用围笼浮运、定位、管柱下沉以及插打钢板桩等技术，实现基础准确定位。1978 年，该桥获得全国科学大会奖。

□乌龙江大桥

北碚朝阳桥群
——嘉陵江小三峡六桥叠翠

地点：重庆市　建成时间：1969—2011 年

　　重庆嘉陵江小三峡是沥鼻峡、温塘峡、观音峡的统称，位于重庆市北碚区、合川区境内，全长 27 km。峡中不足 1 km 的范围内，有 6 座长年承担重任、默默奉献的铁路、公路桥静卧其中，为国内桥梁密度之最。

　　重庆北碚朝阳桥群自下而上依次为：北碚朝阳复线桥、北碚朝阳桥、襄渝铁路二线北碚嘉陵江大桥、襄渝铁路北碚嘉陵江大桥、遂渝铁路桥与兰渝铁路桥（两桥似双子桥）。

　　六桥中北碚朝阳桥为最早，1967 年开工，1969 年竣工，为单跨双链吊桥，跨径 186 m，目前仍为世界同类桥梁中跨径最大的。朝阳吊桥长期处于超负荷运行状态，为确保通行安全，2003年采取了限速、限载、限车距的管护措施，2007年被交通部列入"全国十八座特大危桥"之一。2007 年，由于设计标准、环境条件等限制，朝阳桥已不能满足当地公路交通的需要，在完成北碚南北交通唯一通道的历史使命后退出服役，其交通功能暂由上游碚东嘉陵江大桥代为发挥。朝阳吊桥不仅为当地交通做出了巨大贡献，也作为活教材对桥梁人才的培养做出了贡献。

　　2011 年建成了北碚朝阳复线桥，该桥桥长1 001 m、宽 22.5 m，双向四车道，主桥为跨径274 m 钢箱中承式提篮拱桥。复线桥的建成通车，使北碚朝阳桥得以"光荣退休"，但其在桥梁界的重要地位不会改变。

　　期间，因襄渝、遂渝、兰渝铁路建设需要，相继建成襄渝铁路北碚嘉陵江大桥、襄渝铁路二

□北碚朝阳桥

□北碚朝阳复线桥

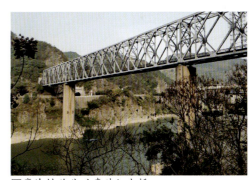
□襄渝铁路北碚嘉陵江大桥

□襄渝铁路二线北碚嘉陵江大桥

□遂渝铁路嘉陵江大桥

□兰渝铁路北碚嘉陵江大桥

线北碚嘉陵江大桥、遂渝铁路嘉陵江大桥、兰渝铁路北碚嘉陵江大桥。

重庆北碚观音峡六座桥将重庆、四川、湖北和甘肃串联，六座桥本身无法延伸，但均承载着重庆向四川、湖北、甘肃等无限延伸的未来，更是"渝新欧"国际大通道进出重庆的重要节点。

重庆北碚朝阳桥群建设历经40多年，充分体现了我国经济建设对交通的需求，同时也体现了桥梁的建设离不开国家的发展与实力提升。

□桥、山、水构成了一幅奇妙画卷

复兴门立交桥
——中国第一座城市立交桥

地点：北京市　建成时间：1972 年

　　世界上第一座立交桥于 1928 年在美国建成，中国第一座公路立交桥——鹅翅膀桥位于贵州黔东南。北京复兴门立交桥，是中国第一座城市立交桥，为苜蓿叶形全互通式立交桥，建于 1972 年。在当时，城市立交桥属于新生事物，有人还认为立交桥是资本主义国家专属，社会主义国家城市不应该修建。现在，立交桥已成保障公路、城市道路畅通的关键。仅以北京来说，从建成复兴门立交桥开始，因城市的不断发展及道路交通的迫切需要，现已有立交桥近 500 座。

　　黄桷湾立交桥：

　　今天，立交桥已成为城市道路互联互通的关键。随着路网的不断加密以及畅通要求的不断提高，立交桥由最初的一层逐渐发展到现在的四层、五层，规模越来越大。特别是重庆这种山地城市，立交桥越来越复杂。2016 年建成的重庆黄桷湾立交桥连接 8 个方向，由五层构成，共 20 条匝道，实现了各方向的全互通，是重庆主城最大、最复杂、功能最强大的"枢纽型"立交。

　　苏家坝立交桥：

　　位于重庆菜园坝长江大桥南桥头的苏家坝立交桥 (2005 年建成) 拥有全国城市最高的匝道桥，达 72 m。大半径螺旋匝道，配上薄薄的梁体，高耸的桥墩，犹如游乐园的过山车。车行匝道桥感觉像悬于半空，又开上了楼顶。实际上行车却很安全，因为采用了螺旋形类似椭圆线形结构，曲率不断变化，结合桥面超高横坡变化，减轻了离心力对行车的影响，成为国内城市立交典范之作。苏家坝立交桥已成为多部电影的外景拍摄地。

□复兴门立交桥

□重庆黄桷湾立交桥

□ 苏家坝立交桥72 m空中行车

□ 重庆苏家坝立交桥

云安桥
——中国第一座斜拉桥

地点：重庆市　建成时间：1975 年

　　斜拉桥，又称斜张桥，是借助桥塔或山体采用斜拉索将主梁托起的桥梁。第一座现代斜拉桥是 1955 年在瑞典修建的主跨为 182.6 m 的斯特伦松德(Stromsund)桥，开启了现代斜拉桥的先端。

　　斜拉桥不但需要高强度钢材，更需要相应设计理论与分析方法作为支撑。当时我国经济建设与科学技术处于落后状态，桥梁技术进步受到制约，桥梁建设类型主要限于圬工拱桥与中小跨径钢筋混凝土梁桥。

　　千年古镇云阳云安是三峡盐业重镇，因汤溪河从镇中穿过，把云安镇分为南北两岸，当地居民隔河渡水十分不便，而且盐水卤井在南岸，熬盐灶场又在北岸，遇上夏季洪水，两岸只能望河兴叹。1972 年动工修建单链柔式人行吊桥，终因材料供应难而停止。1974 年决定将云安桥作为钢筋混凝土斜拉桥试验桥进行建设，1975 年建成了中国首座试验性双塔斜拉桥，孔跨布置为 34.91 m+75.84 m+34.91 m，全长 153.12 m。桥面净空为净 3.1 m+2×0.25 m。每塔有三对斜拉索，由钢芯缆索组成，呈辐射形布置。主梁为单箱，高 1.0 m，由钢筋混凝土槽形箱和预制的钢丝网水泥正交异性桥面板组合而成。该桥塔墩固结，连续主梁与墩铰支。

　　人的需要，生活的需要，生产的需要，商业的需要，集成了修建云安桥的理由，因此，人人争先恐后为修桥出力。除建桥专家和技术工人外，当地老百姓众志成城建桥，每人背运的沙石材料达到数百斤，可谓背出来的桥梁，是老百姓撑起了这座桥的半边天。

　　云安桥的建设开创了中国斜拉桥的先河，为我国斜拉桥建设积累了经验，对国内斜拉桥的发展起到了关键作用，1978 年获得全国科学大会奖。

　　2006 年，为了三峡大坝蓄水需要，云阳县云安斜拉桥被成功爆破拆除，成为三峡工程三期蓄水后最后一座没入水中的桥梁。如今，虽然云安桥只能在图片上看到，但它在中国桥梁建设发展史上的地位永存。

　　继云安桥后，斜拉桥在我国得到了快速发展，斜拉桥设计理论与建造技术不断完善，跨径在世界上首破千米。目前，世界大跨径斜拉桥有一半在中国。

BRIDGES BY CHINA
70 YEARS
1949—2019

第四篇

学习追赶与桥梁崛起

引 言

20 世纪 80 年代，中国桥梁处于学习、追赶与崛起阶段。随着我国高速公路建设增多、公路等级全面提升，铁路建设发展以及城市建设兴起，桥梁荷载标准、桥面净空、桥下净空、设计洪水频率等诸多技术指标都全面提高，预应力技术被广泛运用。在长江、黄河、珠江等大江大河、高峡深谷和沿海海峡上建造了一大批跨径数百米，长度数千米的各类现代化大型桥梁，多座连续刚构桥、斜拉桥、钢筋混凝土拱桥、钢管混凝土拱桥和悬索桥在建设规模、跨径及建筑技术和跨径长度等方面都追赶世界先进水平，中国传统的石拱桥技术也创造了跨径 146 m 的新纪录。

学习推进斜拉桥建设，实现具有里程碑意义的突破。

1982 年建成的上海泖港桥（跨径 200 m）和山东济南黄河桥（跨径 220 m），分别采用多层玻璃丝布拉索防腐工艺和铅皮套管压注水泥浆的新防腐工艺。1987 年至 1988 年建成了多座斜拉桥，如海南西樵桥（跨径 124.6 m），天津永和桥（跨径 260 m），南海九江桥（跨径 2×160 m），重庆石门大桥（跨径 200 m+230 m）和广州海印桥（跨径 175 m），主要采用 PE 管压浆工艺。山东胜利黄河大桥采用热挤 PE 护套的成品拉索，也是我国第一座双钢箱式主梁斜拉桥。1988 年，我国自主建设的结合梁斜拉桥——上海南浦大桥开工，是我国斜拉桥建设史上具有里程碑意义的突破，增强了中国桥梁界的信心，激发了 20 世纪 90 年代在全国范围内自主建设大跨度桥梁的高潮。

在云中穿梭的矮寨大桥

预应力混凝土梁式桥建设取得长足进步，大跨径刚构桥建设起步。

1980 年建成迄今仍为世界跨径最大的 T 型刚构桥——174 m 的重庆长江大桥。1984 年建成主跨 111 m 的湖北沙洋汉江桥和广东顺德容奇桥（三孔 90 m），采用挂篮悬浇施工和浮吊预制组拼而成，开预应力混凝土连续梁桥的先河。1988 年，节段预制悬臂拼装施工的七孔 110 m 江门外海桥和主跨达 180 m 的预应力混凝土连续钢构桥——番禺洛溪桥建成，代表 20 世纪 80 年代我国梁式桥的最高水平，为后续大跨径预应力混凝土连续梁桥、连续刚构桥建设打下了基础。

混凝土拱桥得到大发展，基本取代了石拱桥和双曲拱桥。

箱形拱桥、桁架拱桥、刚架拱桥以及桁式组合拱桥等多种桥型异彩纷呈，上承式最多，中承式、下承式均有建造；缆索吊装、转体施工、刚性骨架浇筑等多种工艺日臻完善。1989 年，转体施工上承式箱形拱桥——跨径 200 m 的重庆涪陵乌江大桥建成，成为我国第一座采用无平衡重对称转体技术建造的桥梁。

20 世纪 80 年代，以广州洛溪桥、上海南浦大桥等为代表的中国桥梁技术在梁桥、拱桥和斜拉桥等方面全方位地取得了突飞猛进的发展，实现了中国桥梁的崛起，为 20 世纪 90 年代中国成为世界桥梁大国奠定了基础。

重庆长江大桥

——世界最大跨径 T 型刚构桥

地点：重庆市　建成时间：1980 年

　　重庆长江大桥原名重庆石板坡长江大桥，建于 1980 年，是重庆市区横跨长江的第一座公路大桥，是连接重庆渝中半岛和南岸区的干道以及重庆通往我国南方的一条重要出口通道。它也是长江上游第一座公路大桥。

　　重庆长江大桥为带挂孔的预应力 T 型刚构桥，正桥长 1 073 m，桥面宽 21 m，主跨 174 m，孔跨布置为 86.5 m+4×138 m+156 m+174 m+104.5 m，至今仍为世界上同类跨径最大的预应力混凝土梁桥。

　　该桥 1981 年获国家优秀设计奖。

□重庆长江大桥

□ "春夏秋冬"雕塑

重庆长江大桥建设在当时的影响巨大，当时的口号是"人民大桥人民建，我为大桥做贡献"。工人、学生、军人甚至幼儿园的学童都参加桥梁建设，整个珊瑚坝出现万人碎鹅卵石的壮观景象。

桥梁两端创作了题为"春夏秋冬"的雕塑。原方案设计前卫，全部裸露的四尊雕塑是有思想性和艺术性的，是健康的，是美丽的，是思想解放与艺术回归的体现，在现在看来十分正常，当时却成为重庆重要的文化事件，引发了社会各界的争论。最后迫于舆论而不得不给雕像穿上了"外衣"。这也从一个侧面可窥见改革开放的艰辛。

三台涪江桥
——我国第一座预应力混凝土斜拉桥

地点：四川省　建成时间：1980 年

　　三台涪江桥位于四川省三台县，建于 1980 年，跨越涪江。桥梁主桥为双塔混凝土主梁斜拉桥，其孔跨布置为 56 m+128 m+56 m。桥塔采用双柱门式钢筋混凝土结构，桥面以上高 30 m。主桥预应力混凝土主梁采用双边箱开口型截面，梁高 2 m，主梁纵向预应力筋采用 24Ø5 的钢丝束、弗式锚，下缘正弯矩由非预应力筋承受，腹板中设竖向预应力钢筋。主梁采用挂篮悬臂浇筑施工。斜拉索为扇形双索面体系，索距 9 m，斜拉索由 36 根 Ø5 钢丝束组成。

　　128 m 跨径的三台涪江斜拉桥在现在看来微不足道，但该桥是在 1975 年建成重庆云安斜拉桥 10 余年后建造的具有试验性质的我国第一座混凝土斜拉桥，为后来 500 m 跨径以下的桥梁普遍采用预应力混凝土斜拉桥建设奠定了基础，掀起了斜拉桥学习追赶建设的热潮。虽然该桥因病害严重而在 2002 年退役，但其在我国混凝土斜拉桥建设发展中的地位永存。

济南黄河大桥
——当时亚洲跨径最大的桥梁、世界十大预应力混凝土斜拉桥第八桥

地点：山东省　建成时间：1982 年

    济南黄河大桥主桥长 488 m，为预应力混凝土主梁斜拉桥，主跨 220 m，是当时亚洲跨径最大的桥梁，在当时世界十大预应力混凝土斜拉桥中排行第八位。桥塔为 A 形门式立体结构，塔高 68.4 m，塔梁分离，塔墩固结。索面采用扇形布置，索距 8 m，每塔共 11 对索。每根拉索由 2~4 束组成，每束用 67~121 根 Ø5 镀锌钢丝组成，用铅制套管压水泥浆进行防护。拉索锚头采用冷铸镦头锚。主梁断面为闭口双室箱梁，梁高 2.75 m，采用挂篮悬浇施工。济南黄河大桥在 1980 年建成的、跨径 128 m 三台涪江桥基础上，将预应力混凝土主梁斜拉桥跨径提升了近 100 m，对现代预应力混凝土主梁斜拉桥建设发展具有重要推动作用。

安康汉江桥
——在世界同类铁路钢桥中跨径领先

地点：陕西省　建成时间：1982 年

　　安康汉江桥位于陕西省安康水电站的专用线上，襄渝铁路石庙沟车站附近，主跨 176 m，斜腿刚构，跨径在世界同类型铁路钢桥中领先。安康汉江桥斜腿刚构的桥式新颖，跨越能力大，用钢量较省，适用于陡坡深谷。桥梁建设在设计、制造、施工以及科研方面，积累了不少经验，为发展大跨径钢桥开创了一条新路，曾获国家优质工程金质奖。虽然该桥现已退役，但其在我国铁路桥梁发展中仍占有重要地位。

胜利黄河大桥

——我国建造的第一座双钢箱式主梁斜拉桥

地点：山东省　建成时间：1987 年

　　东营胜利黄河大桥位于山东省北环海公路上的垦利和利津两县交界处，是我国修建的第一座钢塔、钢主梁斜拉桥，于 1987 年建成。大桥全长 2 817.46 m，为新型钢箱斜拉索桥结构，主桥长 682 m，主跨 288 m，塔顶标高 78.6 m，主梁采用带正交异性钢桥面的分离双边箱截面。从侧面远望，胜利黄河大桥犹如一架巨大的竖琴，矗立在碧空原野之间，飞架于滔滔黄流之上，飘然欲举，壮丽秀美。

　　东营胜利黄河大桥的建成为后续上海南浦大桥叠合梁斜拉桥等的建设奠定了基础。

石门大桥
——当时中国最大跨径独塔斜拉桥

地点：重庆市　建成时间：1988 年

石门大桥位于重庆市沙坪坝区中渡口和江北区大石坝之间，横跨嘉陵江。主桥为独塔单索面预应力混凝土箱梁斜拉桥，跨径布置为 200 m+230 m，塔柱自桥面以上高 113 m，塔总高约 163 m。拉索采用平行索布置，索距 7.5 m，共 216 根，拉索最长达 230 m。主梁为箱型断面，采用劲性骨架悬臂浇筑施工。桥塔首次采用滑膜施工新技术。对于跨径 230 m 的独塔斜拉桥，其施工

难度不亚于中跨 500 m 的双塔斜拉桥，这是当时难以想象的跨径。石门大桥是当时我国同类桥梁中跨径最大的桥梁，标志着我国斜拉桥施工技术达到国际一流水平。

洛溪大桥
——中国第一座预应力混凝土连续刚构桥

地点：广东省　建成时间：1988 年

　　洛溪大桥位于广州市海珠区与番禺区之间的珠江沥滘航道上，桥梁全长 1 916 m，主跨 180 m，1988 年建成通车。洛溪大桥是中国第一座预应力混凝土连续刚构桥。该桥在设计理念上有多处创新，在施工中更是采用了大跨径、长悬臂浇筑、大吨位预应力群锚体系、双柱式墩等多项新技术，不仅施工速度加快，造价在同类跨径的连续梁桥和斜拉桥中也是最低的。洛溪大桥的建成推动了连续刚构以及大吨位预应力群锚体系在我国桥梁中的广泛应用，目前预应力连续刚构桥已成为我国特大跨径混凝土桥梁的主打桥型。

　　洛溪大桥建设使得我国的预应力桥梁技术达到了新的水平，进入世界先进行列，在国际上产生了较大的影响。该桥荣获首届"中国十佳桥梁"及首届中国土木工程"詹天佑"奖。

　　自洛溪大桥后，连续刚构桥得到快速发展。1995 年，交通部组织建成了主跨 245 m 的湖北黄石长江大桥五跨连续刚构桥，在当时世界同类桥梁中，连续主跨位居榜首，单跨亦为亚洲第一。该桥虽存在一些问题而停用，但其建设对促进我国后续连续刚构桥的设计建造起到了重要作用。

BRIDGES BY CHINA
70 YEARS
1949—2019

第五篇

跟踪提高与桥梁大国

引 言

20世纪90年代，中国桥梁建设迈入跟踪与提高阶段。随着高等级公路、铁路与城市道路建设的稳步加速，桥梁建设迈入快车道，桥梁技术、规模开始取得突破。中国建设的桥梁由中等跨径梁桥、拱桥，向大跨连续梁桥、斜拉桥、悬索桥、结合梁桥、钢管拱桥发展转变。大跨径斜拉桥、悬索桥的成功设计、建设和管理运营，开始吸引世界的目光。

特大跨径桥梁建设全面起步，桥梁建设进入跨江会战期。

中国桥梁处于跟踪国际先进水平并不断提高的阶段，极限状态设计理论开始应用，桥梁施工机械化水平大幅提高。黄石长江公路大桥（梁桥）、铜陵长江公路大桥（斜拉桥）、万州长江大桥（拱桥）、南京长江第二大桥（斜拉桥）、江阴长江公路大桥（悬索桥）、上海杨浦大桥（斜拉桥）等大型跨江桥梁建造技术障碍被攻克。在桥梁数量上迈入世界桥梁大国行列。不同类型桥梁的建设实践，为新世纪更大规模的跨江海公路桥梁建设奠定了坚实基础。

悬索桥跨径首超千米，宣告自主设计建设巨型长桥时代到来。

1995年，主跨452 m的汕头海湾大桥建成。汕头海湾大桥为双铰预应力钢筋混凝土加劲箱形梁悬索桥，由中国自行设计、施工和运营管理，也是中国首座大跨径悬索桥，居当时同类桥型世界前列，被誉为中国公路桥梁建设史上的又一里程碑。1997年建成的广东虎门大桥，将桥梁主跨推进到近900 m。虎门大桥是珠江三角洲高速公路网的重要组成部分，主航道桥以888 m的跨度在当时居全国悬索桥之首，辅航道桥更以270 m的跨径一举刷新刚构桥世界纪录。1999年竣工的江阴长江大桥，以1 385 m的跨径居20世纪"中国第一、世界第四"。江阴长江大桥是由中国人自己设计、建设的第一座跨径千米以上的大桥。江阴长江大桥的建设，培养了我国桥梁建设队伍，开创了中国大陆悬索桥一跨超越千米的纪录，为后续超千米桥梁积累了经验，宣告了中国人自主设计建设巨型长桥时代的到来，也标志着中国开启了长大桥梁建设的大幕。

斜拉桥跨径创当时世界之最。

1991 年建成上海南浦大桥，主桥为一跨过江的双塔双索面钢混结合梁斜拉桥，主跨 423 m，在当时位居同类桥型全国第一、世界第三。1993 年，上海杨浦大桥通车。采用双塔空间、双索面钢 - 混凝土结合梁斜拉桥，主跨 602 m，在当时属世界第一，奠定了中国在国际桥梁界的地位。1994 年建成的湖北郧阳汉江公路大桥，主跨 414 m，是我国第一座地锚式大跨度预应力混凝土斜拉桥。1995 年，武汉长江二桥建成，该桥主跨 400 m，为双塔双索面钢筋混凝土斜拉桥，是长江上此类桥型的第一座。同年，主跨 432 m 的铜陵长江大桥建成，结束了八百里皖江无大桥的历史。20 世纪 90 年代末首次系统研究多塔斜拉桥，并建成了主跨 310 m 的岳阳洞庭湖大桥三塔混凝土斜拉桥，获得国家科技进步奖。1999 年建成的台湾高屏溪大桥，为主跨 330 m 钢箱梁、边跨 180 m PC 梁独塔非对称单索面混合梁斜拉桥，其跨径居当时世界第二。

混凝土拱桥大发展，至今仍保持世界最大跨径纪录。

1997 年，主跨 420 m 的重庆万州长江大桥建成，保持世界最大跨度的混凝土拱桥纪录 20 年。该桥获得国家科技进步一等奖。

钢管混凝土拱桥诞生，改变混凝土拱桥一统天下的局面。

1990 年建成首座钢管混凝土拱桥——四川旺苍东河桥（跨径 115 m），1991 年建成广东高明桥（2×100 m 中承式拱）。后来钢管混凝土拱桥快速发展，为我国钢管混凝土拱桥世界霸主地位确立奠定了基础。20 世纪 90 年代末建成的主跨 360 m 的广东丫髻沙大桥为飞燕式钢管混凝土格构拱桥，被列为"九五"期间我国土木工程科技领域重大进展的六座大桥之一。

跻身世界桥梁大国。

20 世纪 90 年代，中国桥梁总数近 40 万座，迈入世界桥梁大国之列，在勘察设计、施工技术、建设管理、科学研究等诸多方面已具备跻身世界前列的技术实力，迈开了全面赶超世界先进水平的步伐。

旺苍东河桥
——中国第一座钢管混凝土拱桥

地点：四川省　建成时间：1990 年

　　19 世纪 80 年代，国外将钢管混凝土作为桥墩应用于桥梁工程。但直到 20 世纪 60 年代，由于管内混凝土浇筑工艺问题没有得到较好解决，其推广应用并不广泛。后来，随着泵送混凝土工艺的发展，钢管混凝土结构凭借其独特的力学性能逐渐被应用于高层建筑以及桥梁结构。我国于 20 世纪 50 年代开始将钢管混凝土应用于桥梁结构，如 1963 年北京地铁车站就采用了钢管混凝土柱。1990 年建成的旺苍东河桥开启了我国钢管混凝土拱桥建设序幕。

　　旺苍东河桥位于四川省广元市旺苍县，为净跨 115 m 的下承式钢管混凝土系杆拱桥，全长 248 m，被人们称为"彩虹桥"。

　　钢管混凝土构件系在钢管内填充混凝土形成的钢混组合截面构件，具有更高的承载能力，同时钢管在混凝土浇筑时起支模架作用。旺苍东河大桥主要承重结构——拱肋，采用哑铃式钢管混凝土结构。刚性系杆（兼做桥道梁）采用预应力混凝土结构，用以抵抗主拱水平推力并直接承受车辆荷载。垂直吊杆采用高强钢丝，将桥梁自重与承受的活载传递至主拱。旺苍东河桥于 1990 年建成，系中国第一座钢管混凝土拱桥。

□旺苍东河桥

□武汉晴川桥

武汉晴川桥：

2001 年建成的武汉晴川桥，是武汉市建造的第四座城区汉江公路桥，跨径 280 m，为下承式钢管混凝土系杆拱桥。桥梁采用红色桥拱，亦称"彩虹桥"。晴川桥为当时国内同类型桥中跨度最大、结构最新、技术含量最高的桥梁。

到 2005 年，武汉长丰汉江大桥（252 m）、宜宾戎州大桥（260 m）、南宁三岸邕江大桥（270 m）、东莞水道大桥（280 m）、重庆奉节梅溪河大桥（288 m）、淳安南浦大桥（308 m）、南宁永和大桥（338 m）等一大批大跨径钢管混凝土拱桥相继建成。通过这些桥梁的设计、施工实践，钢管混凝土拱桥设计理论与技术得到了快速发展，为后续更大跨径钢管混凝土拱桥（如巫山长江大桥）的建设奠定了基础。截至 2018 年，国内 200 m 以上的公路、铁路钢管混凝土拱桥已近 50 座，在建的最大跨径已达到 560 m（非净跨径）。

宜宾南门大桥

——当时中承式钢筋混凝土拱桥跨径亚洲第一，有"亚洲第一拱"之称

地点：四川省　建成时间：1990 年

　　宜宾南门大桥桥长 387.4 m，主跨 243.367 m，为中承式钢筋混凝土公路拱桥，时为"亚洲第一拱"。该桥中部 180 m 范围为钢筋混凝土连续桥面，预制横梁及空心板组成"飘浮式"桥面系，用 12 根柔性吊杆将桥面悬挂于拱肋；两端各 30 m 为钢筋混凝土门式框架。两拱肋间桥面以下部分设置 3 道剪刀撑以加强侧向刚度，桥面以上部分设置两道 K 式横撑与拱肋组成框架。

　　宜宾南门大桥拱肋采用型钢劲性骨架浇筑施工，为我国劲性骨架浇筑施工拱桥的发展起到了推动作用，对中承式拱桥桥面短吊杆的力学特性与构造优化设计提供了实践经验。

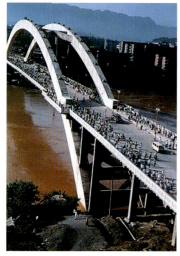

南浦大桥

——中国自行设计、建造的第一座双塔双索面迭合梁斜拉桥

地点：上海市　建成时间：1991 年

　　继 1980 年跨径 128 m 的四川三台涪江桥建成后，20 世纪 80 年代中国掀起了斜拉桥学习追赶建设高潮，建成了当时中国最大跨径的重庆石门大桥（1988 年建成）等。

　　南浦大桥位于黄浦江水道之上，于 1991 年建成，为上海内环高架路组成部分。南浦大桥在设计上立意为"盘龙昂首"，宛如一条昂首盘旋的巨龙横卧在黄浦江上，它使上海人圆了"一桥飞架黄浦江"的梦想。大桥造型刚劲挺拔、简洁轻盈，凌空飞架于黄浦江之上，景色壮丽。

　　南浦大桥是中国第一座自行设计、建造的双塔双索面迭合梁斜拉桥。主桥采用钢梁与钢筋混凝土预制板相结合的迭合梁结构，主桥桥塔为折线 H 型钢筋混凝土结构，每座桥塔两侧各以钢索连接主梁，索面呈扇形布置，塔座选用钢管桩群桩基础；大桥引桥为预应力钢筋混凝土梁体和钢筋混凝土墩台结构，其中浦西引桥以复曲线成螺旋形、上下三环分岔衔接周边街道，而浦东引桥向东直通街道，并以两个复曲线长圆形环与浦东南路两头相连。

　　南浦大桥在设计方面，在斜拉桥尾部和跨中增设了纵横向预应力钢索；设计了新型焊接在工型钢主梁外侧的锚固箱；采用了预制板面层钢筋互焊与微膨胀混凝土灌缝；在岸跨设置辅助墩以减少塔根弯矩、塔身变形和中跨挠度一半。

　　在施工技术方面，悬臂拼装采用临时三角架悬吊工艺和在未形成叠合梁前对横梁实行反顶进行应力调整，在当时国际国内均属首次，并采用多项施工新技术，利用温降精确地实现了无强迫合龙，创造了两年零三百二十天建成大桥的国际先进施工速度。

　　在科研方面，在国内首次对大桥的抗风性能进行了系统全过程的风洞模型试验和完整的理论分析，首次提出考虑约束扭转刚度的三梁式动力分析模型和抗震分析软件。

　　南浦大桥建设锻炼了队伍，培养了人才，更重要的是树立了国人建造现代桥梁的信心，提高了志气，为中国成为世界桥梁强国奠定了基础。

九江长江大桥

——世界最长公铁两用钢桁梁桥及国内首座大跨径刚性梁柔性拱连续结构桥梁

地点：江西省　建成时间：1993 年

　　九江长江大桥建成于 1993 年，是继武汉长江大桥和南京长江大桥之后，中国建桥史上又一个新的里程碑，大桥全长 7 675 m。九江长江大桥当时不仅是中国，而且是世界最长的铁路、公路两用的钢桁梁大桥。

　　九江长江大桥正桥长 1 806 m，主航道为三孔刚性梁柔性拱，桁高 16 m，跨度为 180 m，中间一孔最大跨度达 216 m，最大矢高 32 m。正桥钢梁均为栓焊结构。

　　九江长江大桥主要技术特点和创新：(1)首创"双壁钢围堰大直径钻孔基础施工法"。(2)首次将"触变泥浆套"和"空气幕"工艺用于下沉深度达 50 m 的正桥和引桥沉井基础。(3)首次采用简易"水上工作平台法"修建管柱钻孔基础，创该类型基础在洪水期开工的先例。(4)首次采用浮式基础，解决了在

地质极为复杂的条件下修建基础的难题。(5)首次在铁路桥上采用跨度 40 m 的无碴无枕预应力钢筋混凝土简支箱梁。(6)首次在国内采用最大跨径 216 m 的三跨连续刚性梁柔性拱结构。(7)成功研制并大量应用屈服强度不小于 420 MPa 的 15MnVNq 新钢料，使桥梁用钢步入世界先进行列。(8)钢梁 15MnVNq 低合金高强度钢焊接杆件的板材最大厚度为 56 mm，为当时全国铁路桥梁之最，为焊接规范修订提供了依据。(9)研制成功了材质为 35VB 并经磷化处理的大直径高强度螺栓，并制订了相应的施拧工艺。(10)首次采用双层吊索架全伸臂安装 180 m 钢桁梁。(11)首次采用 216 m 大跨跨中合龙及柔性拱合龙工艺。(12)国内首次在三大拱的吊杆上采用抑制振动的新型"质量调谐阻尼器"(TMD)。(13)采用自行设计制造的吊重 300 t、跨度 40 m 的架桥机，为国内首创。(14)试制成功 Ø2.5 m 反循环旋转钻机，并首次在我国桥梁施工中采用。

九江长江大桥在新材料、新结构、新工艺方面取得的成果，反映了我国建桥事业的时代水平和桥梁科技发展水平，先后荣获国家科技进步一等奖和中国土木工程詹天佑奖。

武汉长江二桥
——中国当时现代化桥梁的代表作

地点：湖北省　建成时间：1995 年

　　武汉被长江、汉江分为武昌、汉口和汉阳三地，跨江桥梁是联系三地交通的关键。虽然 1957 年就建成了武汉长江大桥，直到 38 年后才有第二座跨长江桥梁，即 1995 年通车的武汉长江二桥。

　　武汉长江二桥是连接汉口与武昌的过江通道，桥梁跨径布置为 7×60 m+83 m+130 m+125 m+180 m+400 m+180 m+125 m+130 m+83 m，主桥为双塔双索面预应力混凝土斜拉桥。武汉长江二桥采用在九江长江大桥首创的双壁钢围堰钻孔桩基础，采用短平台复合式牵索挂篮进行主梁混凝土浇筑，

计算机跟踪控制施工过程等新技术、新工艺。武汉长江二桥气势宏伟，线条流畅，比例协调，主塔高耸挺拔，是当时现代化桥梁的代表。

随着公路、铁路及城市交通发展的需要，武汉跨江桥梁建设得到了飞速发展，在武汉长江二桥建成后的25年里，相继建成了8座长江大桥和8座汉江大桥。这些桥梁的建成，充分体现了国家及当地经济建设的状况，也是我国桥梁事业发展的缩影。

江界河大桥
——世界最大跨径桁式组合拱桥

地点：贵州省　建成时间：1995 年

　　江界河大桥位于贵州省瓮安县江界河风景区内，跨越乌江震天洞峡谷。桥梁建成于 1995 年，采用预应力混凝土桁式组合拱，边孔为桁式刚构，孔跨布置为 20 m+25 m+30 m+330 m+30 m+20 m，全长461 m，桥高 263 m。主孔跨径 330 m，居世界混凝土桁式桥梁之首。

　　桁式组合拱桥是一种兼有拱、梁特点的新型组合桥梁，因山区峡谷地形特殊、施工场地狭窄、大型机械设备到达性差等而研发出的方便施工和投资节省的桁架式预应力混凝土桥梁，为中国原创桥型。1981 年建成了世界上第一座预应力混凝土桁式组合拱桥——主跨 75 m 的贵州长岩大桥。

相对于常规桁架拱桥，江界河大桥桁式组合拱桥主要创新在于：在桁式结构的关键部位——节点设计中采用空心构造，减轻了吊重和自重；形成了上弦断点位置、各杆件截面面积、刚度比等指标；采用了多点、分散群锚及竖直桩锚与水平墙锚相结合的锚碇体系；采用了高强钢筋轧丝锚和高强钢丝镦头锚、弗式锚两种预应力体系，并解决了两种体系的综合运用问题。

江界河大桥的建成是我国桥梁工作者因地制宜创新创造的重要体现，虽然桁式组合拱桥因在刚度等方面存在不足而基本不再使用，但该桥型为山区大跨径桥梁建设提供了一种新的方案，有力地促进了我国当时条件下山区桥梁的建设发展，在国内外产生了较大影响，获得1997年国家科技进步二等奖和中国建设工程鲁班奖。

江界河大桥雄跨绝壁对峙的悬崖之上，已成为江界河风景区的重要景点，在桥上游览，举目眺望，江界河上下十里峡谷风光，尽收眼底；俯视渊壑，绝险无比，撼人心魄，"人定胜天"之感油然而生。

蒲庙大桥
——当时居世界同类桥梁跨径之最
地点：广西壮族自治区　建成时间：1998 年

蒲庙大桥原名邕宁邕江大桥，为平行双肋中承式劲性骨架混凝土拱桥，主跨度为312 m，在当时居世界同类桥型之首。

大跨径混凝土拱桥建设的关键问题之一就是施工，劲性骨架拱桥就是先建设钢结构骨架，然后借助骨架进行拱圈混凝土浇筑。蒲庙大桥首创了斜拉扣挂钢结构劲性骨架安装和拱肋混凝土浇注新工艺、新技术，形成了特大跨劲性骨架混凝土拱桥特有的设计体系，荣获国家科技进步二等奖。

□ 蒲庙大桥（来源：南宁市政府网站）

斜拉扣挂法属于拱桥无支架施工方法的一种，其基本思路是在拱圈形成过程中，采用斜拉索扣挂系统承载结构自重，通过斜拉扣挂系统调控拱圈受力及几何状态，最终实现拱圈合龙。斜拉扣挂法适用场合广泛，包括缆索吊装拱圈安装施工、劲性骨架拱桥骨架安装及混凝土浇筑施工、悬臂浇筑混凝土拱圈施工、钢管混凝土拱桥施工、钢拱结构安装施工、拱桥拆除施工等。

采用斜拉扣挂施工方法建造的蒲庙大桥，以及同期施工的重庆万州长江大桥，为后来更大跨度的混凝土拱桥，如林织铁路纳界河特大桥、鸡鸣三省大桥的建造提供了技术支撑，促进了我国特大跨径拱桥的大发展。

林织铁路纳界河特大桥：

纳界河特大桥位于贵州省清镇市与织金县交界处，横跨乌江天险，于2015年建成。桥梁全长810 m，为钢桁拱圈上承式钢桁拱桥，主跨352 m，垂直理论矢高64.5 m，桥高约360 m，为目前世界上单线铁路同类桥型跨径之最。桥梁采用斜拉扣挂施工工艺架设。

鸡鸣三省大桥：

鸡鸣三省大桥位于川滇黔三省交界处，全长286.4 m，为主跨180 m的钢筋混凝土上承式拱桥，主拱采用斜拉扣挂悬臂浇筑施工。

云贵川三省交界处被称为"鸡鸣三省"，赤水河和渭河相汇于此，三省分居于悬崖三侧，历史上都属地理死角，交通闭塞，来往极度困难，修建鸡鸣三省大桥早已成为三省交界地区数十万群众的百年大梦。1982年，国家就已提及建设鸡鸣三省大桥，随着近些年国家扶贫力度的加大，大桥将于2019年建成，叙永和镇雄两个国家级贫困县将结束千百年来隔河相望却不相连的历史。

□建设中的鸡鸣三省大桥

万州长江大桥

——坚守混凝土拱桥跨径世界纪录二十年

地点：重庆市　建成时间：1997 年

　　万州长江大桥原名万县长江公路大桥，是长江上第一座单孔跨江公路大桥，为劲性骨架钢筋混凝土拱桥，也是当时世界上同类型跨度最大的拱桥。桥梁全长814 m，宽23 m，桥拱净跨420 m，桥面距江面高140 m。主拱轴线为悬链线，矢跨比1/5，拱轴系数1.6。箱型拱圈高度为5~7 m。

　　1997 年，一跨过江的万州长江大桥在历史悠久的江城万州横空出世。跨下滚滚长江直泻三峡雄关，远方的神女峰朦胧多娇，组成天、水、山、桥、城遥相照映的壮丽景观。重庆万州长江大桥打破了当时世界最大跨度钢筋混凝土拱桥——南斯拉夫克尔克桥保持的390 m纪录，并坚守同类桥型跨径世界之最20 年。

　　万州长江大桥系在我国改革开放不断深入，社会经济建设不断发展，科学技术不断进步的情况下建设的。建设该桥对于中国桥梁界是一次极大的挑战。为了一跨过江，采用了420 m跨径；为了技术经济更合理，采用了钢筋混凝土拱桥；为了应对大型机械设备不足的困难，采取了先架设以钢管混凝土为

弦杆的劲性骨架拱，再在高空外包混凝土的架设方法。面对当时劲性骨架法施工特大跨径钢筋混凝土拱桥的世界性难题，在设计理论、施工技术以及桥用材料方面开展了专题研究，提出了拱圈强度验算的非线性综合分析法，建立了施工过程非线性稳定分析与控制方法，提出缆索吊装＋悬臂扣挂的劲性骨架成拱方法，提出"六工作面"对称同步浇筑法，在桥梁领域首次采用钢管混凝土 C60 高强混凝土为拱圈材料等创新技术与方法。该桥获国家科学技术进步一等奖和中国土木工程詹天佑奖，在中国土木工程学会 2004 年第 16 届年会上入选首届"中国十佳桥梁"，名列拱桥首位。

流经万古的长江，轻舟依旧飞驰，当轻盈刚劲的世界著名拱桥映入眼帘时，人人都不禁会为之翘首留连，并为其建造者的超凡气魄和我国桥梁科技感到自豪。

三峡大坝如期建成蓄水，大幅度提高了万州长江大桥桥下通航水位。为应对航运船舶日益增多增大问题，世界首创的"拱形自浮式水上升降防撞装置"于 2016 年建成并投入使用。防撞装置为针对两拱脚设于江面的弧形防撞带，其设计秉承船桥双重保护的理念，当船舶撞向桥梁时，防撞带就会"挺身而出"，通过自身的弹塑性变形储备和吸收船舶撞击能量，并且可以使失控船舶借助防撞装置的反弹力重新进入航道正常行驶。江面上的弧形防撞带与竖直的主拱圈遥相呼应，可谓"天上一道彩虹，地上彩虹成双"。

□来源：百度百科

□安上防撞装置的万州长江大桥

青马大桥
——当时世界最长公铁两用悬索桥及香港地标性建筑

地点：香港特别行政区　建成时间：1997 年

　　青马大桥是香港的地标建筑，为我国第一座跨径超千米的悬索桥，于 1997 年建成。大桥东起青衣岛，上跨马湾海峡，西至马湾岛，线路全长 2 160 m，主桥全长 1 377 m，桥宽 42 m。青马大桥采用双层布置，上层为双向六车道城市快速路，下层为双线铁路，若在强风或发生紧急事故时，下层两条车道可作交通改道之用。

　　青马大桥桥塔高 206 m，每个鞍座重 500 t，固定主缆的两个锚碇分别重 20 万吨和 25 万吨。主缆直径 1.1 m，由 33 400 根直径为 5.38 mm 的钢丝组成，钢丝总长 16 万千米，总质量 2.67 万吨，每条主缆质量 5.3 t。

　　2004 年，青马大桥入选第一届"中国十佳桥梁"。

虎门大桥

——中国人自行设计建造的第一座特大型钢箱加劲梁悬索桥

地点：广东省　建成时间：1997 年

　　虎门大桥位于珠江干流之上，建成于 1997 年，为主跨 888 m 的单跨双铰钢箱加劲梁悬索桥。东边跨径 302 m、西边跨径 348.5 m，主缆矢跨比 1∶10.5。该桥是当时中国大陆规模最大的公路桥梁，也是首座加劲钢箱梁悬索结构桥梁，主跨径居当时同类桥梁中的第一位。

　　虎门大桥主缆采用预制平行索股制作和架设，每束索股由多个平行镀锌高强钢丝排列成正六边形。主缆与加劲梁之间采用平行竖直吊索相联系，每个吊点由 4 根钢丝绳组成。吊索与主缆之间的连接方式

为背骑式，配以马鞍形索架。为减小铸件重量，大桥采用铸焊组合形式的索鞍。吊索两端为锌铜合金热铸锚，通过钢加劲梁风嘴锚于箱内。加劲梁采用扁平闭口流线型钢箱梁截面，使用全焊结构；加劲梁端于索塔下系梁设竖向支座以及水平抗风支座。桥面东西索塔处设两道伸缩缝，允许在竖直及水平方向有较大转角。

虎门大桥建设期间，中国大陆大跨径现代悬索桥技术还处于空白，没有现成的施工技术标准和设计规范，因此开展了一系列研究创新：一是国内首次开发出一套完整的现代悬索桥结构分析程序，建立系统的悬索桥上部构造施工监测与控制技术，对后续桥梁施工过程控制起到了促进作用；二是通过最大尺度的气弹性风洞试验，对施工期间与成桥后的抗风性能进行了分析，验证了设计参数，提出了钢箱梁拼

装过程中安全渡过台风的技术措施，保证了大桥的抗风稳定性；三是在国内率先采用扁平钢箱梁节段间全焊接的结构形式，解决了在箱梁吊装情况下的焊缝间隙调整工艺和焊接技术；四是在国内首次成功设计、制作、架设了每股127丝的大型预制索股及大型铸焊组合型主、散索鞍；五是首次在中国桥梁基础中采用地下连续墙防水技术，解决了悬索桥西塔基础岩面严重不平的技术难题；六是研制出高水平的悬索桥施工专用设备、特大钢箱梁吊装的液压千斤顶提升式跨缆吊机和紧缆机等，首次开发了门架拽拉器式牵引系统；七是在国内悬索桥钢箱梁、锚室、鞍室中首次引进自动抽湿防锈技术，经消化吸收后成功应用。虎门大桥建设成套技术获得国家科学技术进步奖二等奖、工程获得中国土木工程詹天佑奖。

虎门大桥因桥址位于鸦片战争古战场，清末时期英军曾在虎门威远炮台打开中国南大门，所以，建设该桥时中国方面坚持自主建桥、反对外国方主导建设。另一方面，外国方限制大跨度悬索桥关键技术，并断言中国工程师不可能在珠江口上建造大型桥梁。最终，中国桥梁建设者在5年时间里自行设计建造成第一座特大型大跨度钢箱梁悬索桥，体现了他们"敢为天下先"及"苦干巧干"的自强精神。虎门大桥的建设为后来建造厦门海沧大桥、江苏江阴大桥、润扬大桥等大跨径悬索桥提供了诸多技术经验。

随着经济社会的不断发展及交通的更高要求，珠江三角洲的桥梁建设又迎来新的高潮。2019年建成的虎门二桥（现改为南沙大桥），包括两座超千米级特大跨通航悬索桥，全长12.891 km，其中，坭洲水道桥主跨1 688 m、西边跨658 m、东跨522 m；大沙水道桥单跨1 200 m。

汀九大桥
——当时全球最长的三塔式斜拉桥

地点：香港特别行政区　建成时间：1998 年

　　香港汀九大桥是当时全球最长的三塔式斜拉索桥，1998 年 5 月建成通车。大桥主跨长 1 177 m，连引道全长为 1 875 m。大桥属于 3 号干线，跨越蓝巴勒海峡。汀九桥为主跨 448 m + 475 m 三塔四索面结合梁斜拉桥，桥塔采用有别于典型 A 或 H 字形的单支柱形式。单支柱桥塔稳定性较低，因此，在桥塔上多加了一对横梁，再用拉索把桥塔顶部及下部连起来，以加强其稳定性。该桥以柔性塔附以加劲索加强结构体系刚度，极具特色，也是目前世界上唯一一座采用此种加劲方式的斜拉桥。

　　多塔斜拉桥即为多跨连续的斜拉桥，其力学行为与常规的双塔斜拉桥有所不同。由于多塔的联动效应，桥梁结构体系刚度能否满足使用要求至关重要。多塔斜拉桥有密索体系、稀索体系和部分斜拉桥体系。世界上第一座多塔斜拉桥始建于 1955 年(瑞士)。

　　到目前为止，我国已建和在建 300 m 以上跨径多塔斜拉桥已达 15 座，最大跨径达到 616 m。

江阴大桥
——中国内地首座跨径超千米的桥梁

地点：江苏省　建成时间：1999 年

　　江阴大桥又称江阴长江大桥，建成于 1999 年，为跨径 1 385 m 的公路悬索桥，是中国内地首座千米跨径桥梁，当时世界排名第四。江阴长江大桥横跨长江黄金水道，为保障航道畅通，建设要求要一跨过江。在江阴长江大桥建设之前，我国桥梁跨度刚刚突破 400 m，建设千米级大桥无论在设计理论上、建造技术上，还是建设管理上都是严峻的挑战。

　　作为特大跨柔性桥梁，抗风设计十分重要。1940 年，跨径为 840 多米的美国塔克玛大桥建成后仅 3 个月就因 8 级风（风速 19 m/s）产生共振，被扭成如麻花般的一堆废墟。为此，江阴大桥采用了稳定性较好的箱型加劲梁，并把箱梁的断面做成中间厚、两边薄的"风嘴型"，同时在箱梁的两旁设置了导流板，从而可抵抗 15 级风（风速 49 m/s）的极限风作用。

　　江阴长江大桥在工程技术上突破了如大温差的钢箱梁路面铺设、北锚沉井等很多世界级难题，为随后建成的南京长江二桥、三桥以及润扬大桥、苏通大桥等世界级桥梁提供了很好的经验。

　　江阴长江大桥的建设中培养了一批桥梁设计和施工技术人员，他们在后来的港珠澳大桥岛隧工程、杭州湾跨海大桥、润扬大桥、北盘江大桥、西堠门大桥、巴拿马运河三桥等工程及中国桥梁建设领域成为了顶梁柱。

海沧大桥

——中国自行设计建造的亚洲第一座三跨连续全漂浮钢箱加劲梁悬索桥

地点：福建省　建成时间：1999 年

海沧大桥是一座连接厦门湖里区与海沧区的跨海大桥，于 1999 年竣工通车。

海沧大桥为主跨 648 m 悬索桥，是中国第一座系统地进行桥梁景观研究与设计的特大型桥梁。索塔采用门式框架结构，桥柱各部结构采用曲线造型为基调的设计构思，型体上线条流畅轻柔，银蓝色的桥体与碧蓝天空相辉映。海沧大桥凌空飞架，俊美飘逸，银灰色的桥身与蓝天、碧海、红花、绿树融为一体，宛如一道飞虹，又似一条银龙，架在厦门西海域上。

海沧大桥是当时亚洲第一座三跨连续全漂浮钢箱梁悬索桥。主桥采用 230 m+648 m+230 m 三跨连续全漂浮全焊接钢箱梁悬索桥结构体系，全长 1 108 m。海沧大桥建设中解决了连续全漂浮钢箱梁悬索桥施工的一系列技术难题，形成了无索区钢箱梁吊装、海水造浆等新技术、新工艺。桥梁锚碇基础采用倒坡箱形浅埋扩大基础(软弱地基)，这在中国属首次。在亚洲首次采用空腹三角形框架结构锚碇，将散索鞍支墩与锚体结构合二为一，增加了锚碇的抗倾覆能力，比传统的实腹式锚体大幅度节省混凝土用量。

2008 年，海沧大桥获得中国土木工程詹天佑奖并获评"改革开放 35 年百项经典暨精品工程"。

鹅公岩大桥

——世界上首例架空索道空中吊运安装钢箱梁的悬索桥

地点：重庆市　建成时间：2000 年

鹅公岩大桥是一座三跨钢箱加劲梁悬索桥，主跨为 600 m，主塔高 163.9 m，跨径布置为 211 m+600 m+211 m，于 2000 年建成。

鹅公岩大桥主缆索股架设在国内首次采用施工索道牵引新工艺，创造了国内主缆架设无破、断丝纪录。另外，该桥还根据河道水位变幅大、水流紊乱的特点，创造了世界上首例架空索道空中吊运安装钢箱梁的新技术；在砂岩和泥岩互层的软质岩上建造无齿加锚桩的隧道式锚碇的新技术；受地形限制，本桥无法采用传统的缆载吊机架梁，而采用了大跨度索道安装节段钢箱梁及其施工控制新技术；开发研制了 200 t 阻尼装置成功用于大桥，提高了悬索桥动力性能；采用热铸锚与冷铸锚混合式吊索体系；钢箱制造过程中采用无余量切割和无马拼装新技术。

该桥获得建设部优秀工程设计一等奖、国家优秀工程设计金质奖。

BRIDGES BY CHINA
70 YEARS
1949—2019

第六篇

技术突破与桥梁强国

引 言

进入 21 世纪以来，中国高速公路建设持续高速发展。1984
年，作为一级汽车专用标准的沈大高速公路开工。1987 年，京
津塘高速公路动工，这是中国利用世界银行贷款进行国际公开
招标建设的第一条高速公路。1988 年，沪嘉高速公路正式通车，
成为中国（不包括港、澳、台）建成的首条高速公路。至 20 世纪
90 年代末，中国高速公路总里程超过 1 万公里，名列世界第三
位。2001 年中国（不包括港、澳、台）高速公路通车里程达到 1.9
万公里，跃居世界第二；2011 年总里程达 8.5 万公里，超过美
国跃居世界第一。2018 年总里程突破 14 万公里，保持世界第一。
可见，21 世纪的前近 20 年，中国公路建设规模远超 21 世纪前
的规模，其中高速公路由 1 万公里猛增至 14 万公里。

进入 21 世纪，中国高速铁路开始发展。中国高速铁路包括
中国铁路提速新建设计开行 250 km/h 及以上动车组列车且初
期运营速度不小于 200 km/h 的客运专线铁路和中国境内所有
设计速度达到 200 km/h 及以上的新线铁路和部分经改造达标
后的既有线铁路。2003 年，秦沈客运专线开通运营，这是中国
铁路第一条客运专线，是中国铁路步入高速化的起点、中国铁
路的里程碑式的建设线路。2004 年，中国在广深铁路首次开行
时速达 160 km 的国产快速旅客列车。2007 年，采用 CRH 动
车组在繁忙干线提速区段达到时速 200~250 km，这是世界铁
路既有线提速最高值。2008 年，中国第一条具有完全自主知识
产权、世界水平的时速 350 km 高速铁路——京津城际铁路通
车运营。2009 年，世界上一次建成里程最长、工程类型最复杂、
时速 350 km 的武广高铁开通运营。2010 年，世界首条修建在
湿陷性黄土地区，连接中国中部和西部时速 350 km 的郑西高
速铁路开通运营。2012 年，世界上第一条地处高寒地区的高铁
线路——哈大高铁以冬季时速 200 km 的"中国速度"行驶在

高寒地区，成为一道亮丽的风景线。截至 2018 年底，中国高速铁路运营总里程超过 29 000 km，占世界总里程超过 2/3。

进入 21 世纪，中国城市建设发展突飞猛进。以重庆为例，2000 年重庆市城市建成区面积不足 450 km^2，2018 年重庆市城市建成区近 1 400 km^2，位列中国城市建成区面积第三名，在不到 20 年间增加了 2 倍多。城市发展中，城市道路建设必须先行。城市的发展离不开道路，而道路（特别是山水城市）都需要桥梁支撑。

无论是公路、铁路还是城市，特别是像重庆、武汉等山水城市道路建设，桥梁都是基本保障。全国各地均将桥梁建设作为陆路交通发展的重中之重，重庆、武汉、南京等沿江城市，长三角、珠三角、西南山区等区域，跨江、河、湖、海、谷桥梁建设发展速度更是令人难以想象。以重庆市为例，目前桥梁总数超过 14 000 座，其中跨长江、嘉陵江和乌江桥梁超过 100 座，主城区跨长江和嘉陵江桥梁超过 40 座，大型跨江桥梁 90% 以上为近 20 年建造，被称为"桥都"。据不完全统计，1990 年代末，中国公路桥梁约 25 万座，到 2018 年，中国公路桥梁已超过 85 万座，在新世纪近 20 年中新增公路桥梁 60 万座。截至 2018 年底，我国铁路桥梁超过 20 万座，再加上城市桥梁，目前我国桥梁总数超过 110 万座。

进入新世纪，我国桥梁不仅数量增长惊人，所面对的跨江、跨海、跨峡谷等桥梁的规模及建设难度更是震惊世界，现在的一座桥梁规模相当于改革开放前的数十或数百座桥梁，面临的设计理论问题、技术难题、实施困难程度等也是之前不可比拟的。

2001 年，南京长江二桥建成，主跨 628 m，为钢箱梁斜拉桥，其跨径在当时同类桥型中居国内第一、世界第三；同年通车的武汉军山长江公路大桥，是京珠、沪蓉国道主干线跨越长江的共用特大桥梁，为 460 m 五跨、连续双塔双索面钢箱梁斜拉桥，全宽 38.8 m，是中国当时最宽的特大公路桥梁；主跨 960 m 的宜昌长江大桥为我国完全依靠自身技术力量和建筑材料建成的特大跨悬索桥。2002 年，荆州长江大桥建成，为世界首座跨径达 500 m 的混凝土肋板式斜拉桥。2003 年，主跨 550 m 的上海卢浦大桥钢结构拱桥通车，该桥建成时居世界同类桥型跨径第一，也是世界上首座完全采用焊接工艺连接的大型钢拱桥。2004 年，安庆长江大桥通车，主桥长 1 040 m，为五跨连续、双塔双索面、钢箱梁斜拉桥，主跨 510 m，桥梁基础施工中在钢围堰下水时间、着岩精度、封底时间以及钢梁吊装等方面刷新了长江建桥史上多项纪录。2005 年，润扬长江公路大桥、南京长江第三大桥这两座世界级特大桥梁建成通车。润扬长江公路大桥全长 23.56 km，采用六车道高速公路标准，其中南汊主桥为主跨 1 490 m 的单跨双铰钢梁悬索桥，其跨径居当时世界第二；南京长江第三大桥全长 15.6 km，为主跨 648 m 的钢箱梁斜拉桥，该桥是国内首座钢塔斜拉桥，也是世界首座"人"字弧线形的钢塔斜拉桥。截至 2005 年，一批大跨径、深水基础特大型桥梁工程在中国山谷江河湖海上建成，桥梁建设在世界上的影响显现，初步奠定了我国跻身世界桥梁强国的基础。

2006 年，湛江海湾大桥建成。大桥主通航孔桥为双塔双索面预应力混凝土混合梁斜拉桥，采用五连跨半漂浮体系，主桥长 840 m，主跨 480 m。开封黄河公路特大桥多塔斜拉桥建设创下多项全国第一：桥的长度及其 7 塔 8 桥跨连续数量，第一次采用环氧填充型钢绞线斜拉索体系，第一次在主桥鞍座部分采用耐老化、高强度的 HDPE 分丝管结构，第一次采用万吨抗震球形支座。

2006 年，主跨 330 m 的重庆长江大桥复线桥建成，为当今世界最大跨径梁桥，采用混凝土 - 钢及刚构 - 连续混合梁桥，全长 1 120 m。重庆长江大桥复线桥建设受到既有长江大桥（主跨 174 m T 型刚构桥梁）和通航等制约，不得已必须采用世界跨径最大的主跨 330 m 的梁式桥梁，这必须通过创新解决一系列技术难题。包括：创造性地提出钢与混凝土混合连续刚构桥；首次提出以弯剪为主的梁式桥钢混接头设计；形成非对称桥梁结构施工过程和成桥状态平衡设计方法；研发了超大钢箱梁（1 500 t 级）集群液压连续提升技术；在国内首次对水泥提出强度上限和氯离子指标要求，提高了混凝土体积稳定性、抗裂性和耐久性。

2006 年，菜园坝长江大桥建成。大桥为特大公轨两用无推力钢箱系杆拱桥，上层为行车道，下层为轨道城市交通；主桥采用刚构与提篮式钢箱系杆拱、钢桁梁的组合结构，半漂浮体系。桥梁主跨 420 m，居世界同类桥梁之首。

2007 年，深圳湾大桥、厦门同安大桥、武汉阳逻长江大桥、山东滨州黄河公铁两用大桥通车。

2008 年，世界首座破千米斜拉桥——主跨 1 088 m 的苏通大桥建成，创造了最大跨径、最大群桩基础、最高索塔、最长斜拉索 4 项世界第一，形成了包括设计技术、集成施工技术、防灾减灾技术、管理技术在内的大跨径桥梁建设成套技术，突破了千米级斜拉桥建设技术瓶颈，实现了我国桥梁建设技术的新跨越，被誉为我国由桥梁大国向桥梁强国转变的标志性工程。

2009年，主跨552 m的重庆朝天门大桥通车，刷新了拱桥主跨的世界纪录。朝天门大桥的145 000 kN抗震球形支座，是世界同类桥型中承载力最大的球形支座。首次制定了钢桁拱桥特殊构造节点疲劳试验研究方法，提出其节点疲劳破坏历程。同年，武汉天兴洲公铁两用大桥通车，成为世界上主跨最大的公铁两用斜拉桥；西堠门大桥以主跨1 650 m成为悬索桥跨径的世界第二、中国第一，此纪录直到2018年才被广东虎门二桥坭洲水道桥以跨径1 688 m刷新；长约165 km的丹昆特大桥作为世界第一长桥被录入吉尼斯世界纪录。

2010年，上海闵浦大桥及湖北鄂东、荆岳两座长江大桥通车；同年建成的辽宁滨海公路辽河特大桥通车，成为长江以北最大跨度的斜拉桥。

2011年，湖南矮寨特大悬索桥建成，主跨1 176 m。桥梁山区悬索桥跨径、塔与梁结构设计、钢桁加劲梁、岩锚吊索结构、纤维预应力筋材等多方面创世界第一。

2012年，江苏泰州长江公路大桥建成，为世界上首座三塔两跨千米级悬索桥。

2013年，主跨530 m的四川合江长江一桥建成，该桥为世界最大跨径钢管混凝土拱桥。

2014年，重庆两江桥（主跨445 m的东水门长江大桥和主跨312 m的千厮门嘉陵江大桥）建成，为公轨两用桥，分别采用双塔单索面钢桁梁斜拉梁桥和单塔单索面钢桁梁斜拉梁桥，为世界同类桥梁跨径之冠。

2015年，全长536 m，桥面距离谷底280余米的玻璃人行桥——湖南张家界云天渡玻璃桥全桥合龙，把世界最长的玻璃桥建在张家界，成为绝美组合。

2016年，云南龙江特大桥建成，跨径达到1 196 m，是云南省首座特大跨径钢箱梁悬索桥，也是当时亚洲山区最大跨径的钢箱梁悬索桥；同年建成的主跨720 m斜拉桥——贵州北盘江特大桥，桥高达565.4 m，为新的世界最高桥梁。

2017年，宜宾金沙江公铁两用特大桥建成，是世界第一条山区高速铁路——成贵客运专线乐山至贵阳段的重点控制性工程。该桥在国际上首次采用铁路桥面在上、公路桥面在下的桥梁建造形式，公路桥面距离铁路桥面高差达32 m，属世界第一。

2018年，港珠澳大桥通车，全长55 km，是世界上里程最长、沉管隧道最长、寿命最长、钢结构最大、施工难度最大、技术含量最高、科学专利和投资金额最多的跨海大桥。港珠澳大桥秉承战略性、创新性、功能性、安全性、环保性、文化性和景观性的理念进行总体设计。前后实施了300多项课题研究，编制标准、指南、软件著作权40余项；创新项目超过1 000个，创建工法40多项；形成63份技术标准、创造600多项专利，形成拥有中国自主知识产权的核心技术，建立了中国跨海通道建设工业化技术体系。港珠澳大桥成为中国由世界桥梁大国迈入世界桥梁强国的里程碑。

丹河大桥
——世界最大跨径石拱桥

地点：山西省　建成时间：2000 年

　　丹河大桥系山西晋城至河南焦作高速公路在太行山西麓跨越丹河的桥梁，桥梁为主跨 146 m 空腹石拱桥，建成于 2000 年，至今仍保持着世界石拱桥跨径纪录。

　　大桥采用全空腹式变截面悬链线无铰石板拱结构。腹拱由 14 个等跨径腹拱组成空腹式断面，为减轻拱上建筑重量，增加结构的透视与美学效果，腹拱墩采用横向挖空形式。腹拱采用边孔设三铰拱，跨中设置变形缝的构造形式。桥梁栏杆由 200 多幅表现晋城市历史文化的石雕图画与近 300 个传统的石狮子组成，体现了现代与传统文明的完美结合。

　　为了减少拱上荷载，大桥设计采用轻质填料——蒸压粉煤灰加气混凝土，具有干密度低、重量轻，砌体强度利用系数高，弹性系数大，吸水少而慢，抗冻性好，原材料广泛、价格低廉，可加工性好，便于施工等特点。

　　依托丹河大桥建设，研究形成了特大跨径石拱桥设计理论体系与成套施工技术，为大跨径、高荷载石拱桥设计与施工提供了成功的范例，同时也大大丰富了中国石拱桥的科技内涵。2001 年，丹河大桥被列入吉尼斯世界纪录。

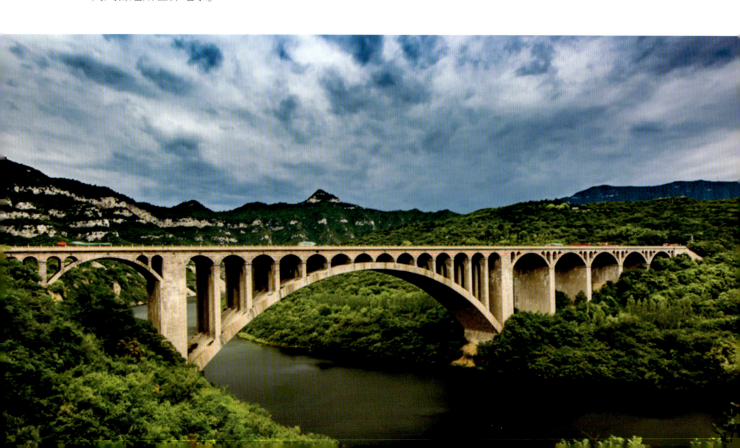

丫髻沙大桥
——居当时飞燕式钢管混凝土拱桥跨径世界之首

地点：广州市　建成时间：2000 年

丫髻沙大桥位于广州环城高速路，跨越珠江主、副航道和丫髻沙岛。桥梁全长 1 084 m，主桥采用飞燕式钢管混凝土拱桥，主跨 360 m，居当时同类桥梁跨径世界之首。

丫髻沙大桥采用转体法进行施工，除桥梁跨径在当时世界钢管混凝土拱桥中处于第一位外，桥梁平转转体每侧质量达 13 680 t，不仅居国内第一，也是世界同类桥型第一座万吨转体桥梁；竖转加平转相结合的施工方法世界领先；大桥极限承载力和抗风力国内领先。

2004 年，丫髻沙大桥入选首届"中国十佳桥梁"。

芜湖长江大桥

——中国跻身世界大跨重载铁路桥梁先进行列

地点：安徽省　建成时间：2000 年

　　芜湖长江大桥为公、铁两用矮塔钢桁梁斜拉桥，公路在上层，铁路在下层。铁路桥长 10 616 m，公路桥长 6 078 m，2000 年建成通车。

　　芜湖长江大桥全长 10 521 m，全桥混凝土重 55 万吨，结构用钢 11 万吨，主跨 312 m，在武汉天兴洲大桥建成之前，是中国公、铁两用桥跨径最大的桥梁。

　　对于钢桁梁公铁两用桥，从武汉长江大桥 128 m 发展到九江长江大桥 216 m，花了 40 年时间，而在不到 10 年的时间内，芜湖长江大桥跨径突破 300 m。

　　芜湖长江大桥钢梁采用整体节点构造，突破了铁路钢桁梁杆件不能进行横向对接焊接的惯例，同时存在诸多技术难题：

　　(1)整体节点焊接变形的控制和矫正难度大。

　　(2)整体节点高强度螺栓连接孔群的孔位精度难以保证。

　　(3)主桁腹杆与弦杆的连接采用向节点板间插入的方法连接，制造精度要求高。

（4）斜拉跨锚箱结构形式复杂，制造精度不易保证。

为应对上述困难，中铁大桥局研制并采用了诸多新技术、新工艺，包括外露边缘精密切割技术、国产 14MnNbq 新钢种焊接新技术、厚板焊接整体节点制造技术、厚板深坡口焊接杆件预变形工艺、桥梁杆件孔群定位测量技术、整体节点弦杆采用平台划线整体覆盖式钻孔模具钻孔工艺、剪力钉组焊及控制变形技术、大型复杂杆件 - 整体节点弦杆空中翻身技术、箱型杆件防腐腻封技术、大型复杂锚箱件制造工艺、厂内超长试装技术以及热风幕控温技术等。

芜湖长江大桥开创了中国公铁两用斜拉桥之先河，其矮塔斜拉公铁两用桥结构为世界首创，是中国重载桥梁跨径发展的里程碑，标志着中国已跻身于世界大跨重载铁路桥梁的先进行列。

该桥曾获国家优质工程金奖、国家科技进步一等奖和中国建筑工程鲁班奖。

南京长江第二大桥
——中国首次采用环氧沥青混凝土钢桥面铺装的桥梁

地点：江苏省　建成时间：2001 年

南京长江第二大桥由南、北汉大桥和南岸、八卦洲及北岸引线组成，全长 21.337 km。

南京长江第二大桥南汉桥为主跨 628 m 的钢斜拉桥，当时跨径长度居同类桥梁中国第一，世界第三。主桥基础采用外径 36 m、内径 33 m 双壁钢围堰施工，南北塔桩基直径 3 m，桩长分别为 102 m 和 83 m。主塔高 195.41 m，建筑高度近 300 m，主梁通过工厂分块制造、现场拼装焊接形成。桥面采用 5 cm 的

□南汉桥

环氧沥青混凝土直接铺装在钢板上，沥青性能要求兼顾低温抗裂、高温抗变形及抗疲劳破坏，属世界级的工程难题。北汉大桥为预应力混凝土连续箱梁桥，桥长 2 172 m，主跨为 3×165 m，其跨径在国内亦居领先。

南京长江第二大桥开创了环氧沥青混凝土钢桥面铺装技术的先河，为后续钢桥面铺装技术的发展与应用奠定了基础。

该桥曾获中国土木工程詹天佑奖、中国建设工程鲁班奖、国家优质工程金质奖以及"中国十佳桥梁"称号。

□南汉桥路面

□北汉桥

水柏铁路北盘江大桥
——当时国内最高的铁路桥及世界同类跨径之首桥梁

地点：贵州省　建成时间：2001 年

　　北盘江，珠江流域西江上源红水河的大支流，流经云南、贵州两省，多处为滇黔界河。北盘江全长 449 km，总落差 1 985 m，平均比降 4.42‰。随着公路、铁路建设发展，北盘江以托举起一座又一座大桥，包括关兴公路北盘江大桥、杭瑞高速北盘江大桥、沪昆高速北盘江大桥、沪昆高铁北盘江大桥、水柏铁路北盘江大桥、水盘高速北盘江大桥、望安高速北盘江大桥等堪称世界奇观的桥梁而饮誉全球。北盘江上的桥梁全部建于 21 世纪。

水柏铁路北盘江大桥位于云贵高原中部北盘江大峡谷上，是一座结构新颖复杂、技术要求高、施工难度大的单线铁路桥，于2001年11月建成。大桥长468.20 m，为上承式提篮钢管混凝土拱桥，是我国首次将钢管混凝土拱用于铁路的桥梁。桥梁主拱采用转体施工，单铰转体质量达10 400 t，是当时世界上最大跨度、最大单铰转体质量的铁路钢管混凝土拱桥。

大桥轨底到峡谷底深达280 m，为当时国内最高的铁路桥梁。大桥主跨为236 m上承提篮式钢管混凝土推力铁路拱桥，居当时世界同类型桥梁之首，为当时国内第二大跨度铁路钢桥。

该桥获得詹天佑土木工程奖和贵州省科技进步一等奖。

关兴公路北盘江大桥
——当时世界最高的桥梁

地点：贵州　建成时间：2003 年

　　关兴公路北盘江大桥位于贵州省的贞丰县与关岭布依族苗族自治县交界的关兴公路上，横跨号称"世界大裂缝"的花江大峡谷，于 2003 年建成。大桥主跨 388 m，桥面至江面高达 400 余米，为双向预应力混凝土加劲板梁设计的悬索桥，是当时世界上最高的桥梁之一。

大桥主缆采用散索套设计，主缆中线的上部分呈伞形向上，锚固布置，其架设过程中因存在向上分力很难保证精度。施工过程中，采用自行设计的双散索支承架约束的方法，很好地解决了这个以往一直没有解决的受力问题，有效地控制了主缆线形。大桥主梁采用缆索吊装技术，全桥 78 片主梁的吊装作业仅用时 18 天，在贵州悬索桥梁的施工中创下了吊装重量最大、吊装时间最短的施工纪录。

2016 年，杭瑞高速公路北盘江大桥建成，桥高 565 m，取代了关兴公路北盘江大桥第一高桥的地位。

卢浦大桥

——当时世界最大跨径拱桥

地点：上海市　建成时间：2003 年

　　卢浦大桥是上海市境内连接黄浦区与浦东新区的过江通道，位于黄浦江水道之上。大桥为空间提篮中承式拱梁组合体系钢拱桥，通过强大的系杆（水平拉索）平衡中跨拱肋的水平推力，桥道梁通过吊杆或立柱支承于拱肋之上。大桥设计融入了斜拉桥、拱桥和悬索桥三种元素，桥身呈优美的弧形，如长虹卧波，飞架在浦江之上。主桥全长 750 m，采用 100 m+550 m+100 m 跨径布置，为当时世界最大跨径拱桥。

　　卢浦大桥采用三维实体建模虚拟建造技术，即集计算机辅助设计与参数化实体造型、装配造型、二维和三维双关向绘图以及图形转换器等模块为一体现代化工程设计手段，利用软件将钢结构构件全部用三维实体建模的方式建立在一个三维空间模型之中，进而在三维模型中对每个部件尺寸进行校正，以保障结构制造精度。卢浦大桥施工中克服了索塔、斜拉索及锚箱、拱上吊机等临时措施复杂，施工控制难度大，以及气温、风力、荷载等多因素影响下的合龙安装困难等施工难题。

　　该桥 2004 年获得中国建设工程鲁班奖，2008 年获得第 94 届国际桥梁与结构工程协会（IABCE）"杰出结构大奖"。

大沽桥群

——世界首创不对称外飘式联合梁系杆拱桥及景观桥梁群

地点：天津市　建成时间：2004—2008 年

天津市内自古建有大量各式各样的桥梁，跨越海河干流和市区内主要支流。从 2002 年起，除对原有桥梁进行修缮、提升和改造之外，还新建了一批具有景观作用的桥梁，在改善交通的同时也提升了海河的景观。天津海河上大沽桥等 24 座景观桥已经成为天津著名的旅游景观。

□ 大沽桥

大沽桥：

天津大沽桥全长 243 m，宽 32 m，构

□ 大沽桥

思为"日月生辉",坐落在天津解放桥和广场桥之间,2005 年建成。天津大沽桥是海河上诸多"一桥一景"桥梁中最优美的一座。大沽桥设计构思新颖、独特,为"日月拱",由两个不对称的拱圈构成——大拱圈弧长 140 m,高 39 m,向东倾斜 18°,象征太阳;小拱圈弧长 116 m,高 19 m,向西倾斜 22°,象征月亮。大桥共有 88 根吊杆系于桥的两侧,与桥外伸出的半圆观景平台相对。桥梁采用的不对称外飘式联合梁系杆拱桥形式为世界首创。2006 年,该桥因通过想象和创新建成标志性的桥梁而荣获尤金·菲戈奖。

永乐桥:

建于 2008 年的永乐桥原名慈海桥,桥梁上层为机动车专用道路,双向 6 车道,中央跨度为 30 m,下层为人行道桥。耸立在桥上的摩天轮直径达 110 m,被称为"天津之眼",堪比英国泰晤士河畔的"伦敦之眼"。

□永乐桥

北安桥：

北安桥始建于 1939 年，1973 年改建为主跨为 93 m 的三跨钢筋混凝土梁桥，2004 年经过抬升改造成具有古典式建筑风格的桥梁，实现了古典与时尚的完美结合，成为海河上的亮点之一。

□北安桥（来源：剑华 摄）

直沽桥：

直沽桥于 2007 年建成，原名奉化桥，为中承式全钢结构拱桥。全桥有 27 道飞跨拱、68 片钢结构"花瓣"和 296 根吊杆。27 道拱每三道形成一组跨，夹在三道拱之间的就是花瓣状的钢结构，68 片"花瓣"每片由两个钢制"三角形"组成。

□直沽桥

巫山长江大桥
——当时世界最大跨径钢管混凝土拱桥

地点：重庆市　建成时间：2004 年

巫山长江大桥位于长江三峡段的巫峡入口处，为钢管混凝土中承式拱桥，主跨 492 m，为当时世界最大跨径钢管混凝土拱桥，被称为"渝东第一桥"。

巫山长江大桥主桥两条拱肋为钢管混凝土组成的结构，拱顶截面高 7 m，拱脚截面高 14 m，肋宽 4.14 m，每肋上、下各两根 $\varnothing$ 1 220 cm×22(25) cm 内灌 C60 的钢管混凝土弦杆，弦杆通过横联钢管 $\varnothing$ 711 cm×16 cm 和竖向钢管 $\varnothing$ 610 cm×12 cm 连接而构成钢管混凝土桁架。拱肋中距为 19.7 m，两肋间桥面以上放置 K 形横撑。

巫山长江大桥技术主要创新之处：

（1）首次在大跨钢管混凝土拱桥设计中计入钢管桁架腹杆对抗弯刚度的影响，采用钢管混凝土统一理论和钢管混凝土桁式拱圈节点承载力和疲劳计算方法等，完善了钢管混凝土拱桥的设计方法。

（2）拱圈采用全管桁结构、竖径向腹杆布置，桥面梁与拱圈联合作用等多项构造技术，提高桥梁的整体受力性能。

（3）吊杆横梁、桥面梁等结构的轻型化设计、拱座构造设计为分离式肋、吊杆上下端锚具防腐构造设计等技术的创新和发展。

（4）自主设计并布设的索跨 576 m、吊重 170 t、索塔高度 150.22 m、起吊高度 260 m 的缆索吊机系统，解决了特大跨钢管混凝土拱桥钢管拱肋节段吊运就位安装的难题，发展和完善了无支架缆索吊装技术。

（5）在缆索吊机系统中研制了主动式承索器，解

决了起吊绳在空载时下垂太多相应需要的配重大和牵引绳的放出端下垂太多的难题。

（6）施工使用钢绞线扣索、自主研发的可调索低应力夹片锚固系统及缆索吊机系统一起来实施安装钢管拱肋的工艺，总结为"大跨径钢管混凝土拱桥无支架吊装斜拉扣挂工法"，确保了拱肋顺利安装。

（7）形成了国家级"大跨径钢管混凝土拱桥钢管混凝土施工工法"，保证了大体积弦管混凝土连续灌注。依托该桥完成的钢管混凝土拱桥建造技术获得国家科技进步二等奖。

巫山长江大桥的建成为钢管混凝土拱桥向更大跨径发展提供了技术支撑，被列入"世界百座名桥"。

复兴大桥

——当时中国最具综合性功能的城市桥梁

地点：浙江省　建成时间：2004 年

复兴大桥，即钱江四桥，为跨钱塘江的双层双主拱的钢管混凝土组合系杆拱桥。

复兴大桥是城市道路与轨道交通相结合的跨江桥梁，桥梁集上承式、中承式以及下承式拱桥为一体，是采用组合跨径技术设计的双层双主拱钢管混凝土组合系杆拱桥。桥梁上层设双向 6 车道的快车道，北面通过复兴立交与中河高架及地面连接，南面通过中兴立交与地面世纪大道、江南大道相连；下层中间为双线轻轨，北面与凤凰城小区道路相连，南面和世纪大道、滨盛路相接；两侧设公交专用道、非机动车道及残疾人专用设施。主桥全长 1 376 m，跨径组合为 2×85 m+190 m+5×85 m+190 m+2×85 m。桥梁上层宽 25 m，设双向 6 条机动车快速行车道；下层为三座独立桥梁，左右两侧为公交专用道和自行车道、行人通道，各宽 7 m，中央设计为轻轨预留用地，宽 7.6 m，可用作机动车道，整层共有 10 个机动车道。

复兴大桥是中国最具综合性功能的城市桥梁，2009 年入选"新中国百项经典暨精品工程"。

西湾大桥
——世界上首次采用"M"形桥塔造型的景观桥

地点：澳门特别行政区　建成时间：2005 年

　　西湾大桥是澳门特别行政区境内连接澳门半岛与凼仔岛的跨海通道，位于前山水道入海口上，为澳门特别行政区南部通道的组成部分。西湾大桥线路全长 1 825 m，水上主桥长 400 m，采用抗风性能好、抗扭度大的竖琴双塔斜拉桥，跨径布置为 110 m+180 m+110 m。大桥采用双层混凝土主梁，其半封闭布置有利于下层桥面全天候通行。该桥在世界上首次采用"M"形桥塔造型。"M"是 Macao（澳门）的第一个字母，也是罗马数字"Ⅲ"以及阿拉伯数字"3"，寓意该桥为第三座大桥。同时，"M"造型与澳门地标"大三巴"相像，寓意澳门的三个岛紧密相连。大桥的桥墩宛如两片盛开的莲花花瓣，与澳门特别行政区的象征"莲花"相呼应，极富澳门地方特色。

　　西湾大桥以其壮美挺拔的雄姿稳固屹立于澳门宝岛，宛如一条腾飞的巨龙横卧于中国南海，成为澳门一道亮丽的景观。

伊通河桥
——国内第一座轨道交通独塔无背索斜拉桥

地点：吉林省　建成时间：2005 年

　　长春轻轨伊通河斜拉桥毗邻卫星路，跨越伊通河，全长 297 m，于 2005 年建成。桥梁主塔为沉井基础，主桥为独塔无背索斜拉结构，塔梁固结。主塔高 65 m，为 A 字形。迎索面斜度为 3.1∶5，背索面斜度为 2∶5，由两片塔身组成壁厚 1.5 m，位于主梁两侧。主塔采用预应力混凝土结构，在迎索面两片塔间设置封头板。预应力钢束沿塔身背索面及配重梁段的顶部布置，钢束分层锚固。主塔钢束在塔顶侧及配重梁段使用 P 形锚具锚固于塔身，在配重梁下缘及迎索面单向张拉。主塔内共设置 48 束钢绞线，每束为 44⌀15.24，张拉力为 836 t。为了配合主塔倾斜塔身部分的浇筑，在主塔内部设置劲性骨架。

　　该桥为国内第一座轨道交通独塔无背索斜拉桥，是当地一座功能和景观相融合的标志性建筑。

□来源：人生如水 摄

润扬长江公路大桥

——当时悬索桥跨径中国第一、世界第三，拉开新世纪千米级桥梁建设大幕

地点：江苏省　建成时间：2005 年

　　润扬长江公路大桥（简称润扬大桥）是连接镇江市和扬州市的桥梁工程。润扬大桥建设计划很早，清代学者曾提出在瓜洲—金山—镇江间建造浮桥的设想，1919 年孙中山先生在《实业计划》一书中规划的两座长江大桥就有镇江扬州长江大桥（即润扬长江大桥，另一座为武汉长江大桥）。2000 年，国务院通过了《镇江扬州长江大桥工程可行性研究报告》，2000 年 10 月开工，2005 年完工。

　　润扬大桥包括两座大跨径悬索桥及其引桥，全桥由北接线、北汊桥、世业洲互通高架桥、南汊桥、南接线及延伸段等部分组成。其中，南汊主桥为主跨 1 490 m 的单孔双铰钢箱梁悬索桥，跨径在当时悬索桥中为中国第一、世界第三；北汊桥为三跨双塔双索面钢箱梁斜拉桥。润扬大桥南汊悬索桥的主缆呈现曲线，如婀娜多姿的少女；而北汊斜拉桥的斜拉索紧紧绷着，如伟岸刚劲的青年，桥梁景观特色鲜明。

　　该桥建设获得国家科技进步二等奖，凝练出了润扬精神——"凝心聚力的和谐意识，拼搏奉献的创业精神，敢为人先的创新精神，追求卓越的创优精神"。

　　江苏位于长江下游，此段长江江面宽阔，桥梁建设中对跨径要求高。事实上，在 20 世纪 90 年代江苏就建成了中国首座千米级桥梁——主跨 1 385 m 的江阴长江大桥。润扬大桥则拉开了新世纪千米级桥梁建设大幕。到目前为止，江苏长江段落已建、在建千米级桥梁已达到 7 座。

东海大桥

——当时全球最长外海大桥，填补了我国跨海桥梁建设空白

地点：上海市、浙江省　建成时间：2005 年

  东海大桥连接了上海市浦东新区与浙江省舟山市，为沪芦高速公路的一部分，也是洋山深水港的重点配套性工程之一。线路全长 32.5 km，主桥全长 25.3 km。

  东海大桥大致呈北偏西至南偏东方向布置，由陆地段（北引桥）、跨海段（主桥）和港桥连接段（南引桥）三大部分组成。其中，主桥包括主航道桥、三座辅航道桥以及多个非通航孔桥。设计中以"东海长虹"为创意理念，成为中国东海上一道亮丽的彩虹。主航道桥"人"字形索塔如"两根定海神针"，牢固地钉在海中央。

  东海大桥主航道桥为连续多跨的双塔中央单索面斜拉桥，采用半漂浮体系。主梁采用单箱三室截面，并首次在大跨径斜拉桥上采用钢和混凝土箱形结合梁。为平衡斜拉索在塔壁上产生的拉力或边、中跨斜拉索间不平衡水平分力，在整个上塔柱均布置环向预应力。主塔墩和辅助墩桥轴线两侧设置固定式防撞

体系以抵抗船舶的撞击力。承台桥轴线两侧设置独立的防撞墩。在主塔墩、辅助墩和边墩处均设置竖向、横向支座，主塔和主梁间纵向采用液压阻尼装置以限制主梁纵向位移。三座副航道桥全部采用变高度预应力混凝土连续梁桥，主梁采用单箱单室、大悬臂箱梁。

东海大桥主航道桥采用 73 m+132 m+420 m+132 m+73 m 的跨径布置，三座副通航桥跨径布置分别为 70 m+120 m+120 m+70 m，80 m+140 m+140 m+80 m 以及 90 m+160 m+160 m+90 m。非通航孔桥采用 70 m、60 m 混凝土预制简支变连续体系。

东海大桥建设中研究开发并应用了一系列跨海桥梁施工技术：海上施工测量定位技术、海上施工平台建造技术、混凝土套箱承台施工技术、桥墩墩身一体化施工技术、大型混凝土箱梁场内运输技术、整跨混凝土箱梁海上安装技术、防腐与提高耐久性成套技术，以及重交通高腐蚀下桥面铺装技术。

东海大桥是中国桥梁建设首次成功伸向外海的典范，既填补了中国跨海桥梁建造空白，又为杭州湾跨海大桥、青岛胶州湾跨海大桥等跨海大桥的建设做了技术与管理铺垫。该桥先后获得国家科学技术进步一等奖、鲁班奖、詹天佑奖及国家优质工程金奖。

南京长江第三大桥

——中国第一座钢塔斜拉桥及世界第一座弧线形钢塔斜拉桥

地点：江苏省　建成时间：2005 年

　　南京长江第三大桥为连接南京浦口区绿水湾南端和雨花台区大胜关的跨江大桥，南与南京绕城高速公路相接，北与宁合高速公路相连，是中国第一座桥面以上为钢塔的斜拉桥，也是世界第一座弧线形钢塔斜拉桥。

　　桥梁主桥为双塔双索面钢塔钢箱梁斜拉桥，其弧线形钢塔设计具有创新性和建筑美感。大桥全长14.89 km，跨江大桥主桥主跨 648 m，索塔高 215 m，跨径布置为 63 m+ 257 m+ 648 m+ 257 m+ 63 m。

　　南京长江第三大桥开创了中国钢桥塔斜拉桥建设技术，在利用钢结构缩短建设工期、减轻桥梁自重、提高结构抗震性能、增加结构安全度方面起到了推动作用，也提升了中国桥梁施工设备水平。

　　该桥梁建设创造了当时长江水下基础施工水深最大、工期最短的双项纪录。

拉萨河特大桥

——青藏铁路标志性工程之一

地点：西藏自治区　建成时间：2005 年

　　西藏拉萨河特大桥是青藏铁路标志性工程之一，横跨拉萨河，总长 940.85 m，主跨 108 m，建于2005 年。主桥采用五跨连续钢拱梁组合体系，针对独特的高原自然环境，钢结构采用了柔性氟碳漆防护体系，结构混凝土采用高原耐久性混凝土，表面采用了有机硅防护体系，特别是在高原地区采取连续性钢管混凝土拱组合体系，这些设计均为国内首次采用。桥梁结构新颖，融民族特色与现代风格于一体，与布达拉宫遥遥相望，具有良好的景观效果。

重庆长江大桥复线桥

——世界最大跨径梁式桥

地点：重庆市　建成时间：2006年

　　重庆长江大桥复线桥位于重庆市南北干道上，是重庆主城南北交通的咽喉，也是重要的城市景观桥梁。复线桥从景观上要求与既有重庆长江大桥外形协调，墩位对应，桥型相似，同时从长江航运的发展要求，复线桥主航道上不能设墩。因此，为了将既有桥梁位于主航道上的156 m与174 m孔合并，复线桥主跨确定为174 m+156 m=330 m，以较好满足未来通航需要，也使该桥跨径成为世界梁式桥之最，比世界原最大跨径301 m(挪威1998年建成的斯托尔马桥)长29 m。

　　通过研究，设计人员创新性地提出了330 m钢混混合连续刚构桥设计，即通航孔处采用330 m主跨，其中央采用108 m钢箱梁的钢与混凝土混合梁及刚构-连续混合体系。该体系既降低了主跨自重效应，降低了因边中跨比例过小导致的不平衡问题，又可解决大跨径混凝土刚构桥常见的开裂与跨中超限下挠问题。

　　该桥创新解决了系列技术难题，包括：

　　(1)创造性地提出钢与混凝土混合连续刚构桥。钢箱梁桥的发展在近40年受超厚板钢结构工艺技术的制约而停滞，按当时的混凝土桥梁设计理念、技术方法，很难解决自重效应大的难题，这也是混凝土梁式桥跨径难以突破的主要原因。主跨330 m梁桥，若采用混凝土结构，其自重效应将达到97%，技

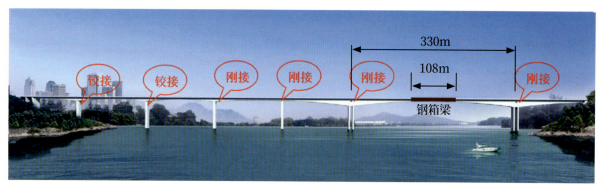

术经济性差；同时，因自重过大以及收缩徐变导致服役期下挠的技术瓶颈问题也难以解决，并超越当时桥梁建设能力，必须开辟新的途径，采用全新的结构（形式）设计与建造技术。重庆长江大桥复线桥需采用连续刚构桥型，其主跨达到 330 m，边跨与主跨之比低至 0.4，世界罕见，是世界梁式桥梁建设技术的新挑战。

（2）首次提出梁式桥钢混接头设计思想和以受弯剪为主的钢混接头构造，实现了钢箱梁至混凝土梁在短距离平顺、可靠传递内力。通过理论分析与试验研究形成了梁桥钢混接头结构设计方法。

（3）形成非对称桥梁结构施工过程和成桥状态平衡设计方法，提出的主动控制思想对同类桥梁建设具有极大的参考价值。首次提出了桥梁服役期线形预控制设计理念，并对刚构桥服役期采取体外索主动控制技术，为大跨径连续刚构桥梁服役状态主动控制开辟了新途径。

（4）研发了超大钢箱梁（1 500 t 级）集群液压连续提升技术，并首次在 111 m 大悬臂端支撑条件下实现 103 m 钢箱梁整体液压连续提升动态吊装。

（5）在国内首次对水泥提出强度上限和氯离子指标要求，提高了混凝土体积稳定性、抗裂性和耐久性，研究成果是对水泥国家标准的一个重要补充，形成了钢与混凝土混合连续刚构桥建设成套技术。

重庆长江大桥复线桥的建成为更大跨径梁式桥建设开辟了新途径。

阳逻大桥

——国内首座采用"即时监测无粘结可更换预应力锚固系统"技术斜拉桥

地点：湖北省　建成时间：2007年

　　阳逻大桥是进入新世纪后武汉建设的第一座长江大桥，是武汉市的东大门，承担着武汉市标志性建筑的重任。该桥既是一座科技桥，也是一座景观桥，因此其主塔造型需高大、突出。设计采用分离式H形空间主塔配合钢剪刀撑形式。塔柱的外侧采用大倒角，简洁明快，上下横梁采用弧形造型，与两道钢剪刀撑完美地结合在一起，极大地增强了大桥视觉效果，与周围的景观融为一体，展现出力与美的有机结合。桥梁总体布置为北边跨250 m+主跨1 280 m+南边跨440 m。

　　阳逻大桥采用多种创新技术：

　　(1)为确保悬索桥锚碇预应力锚固系统乃至整座桥梁的安全与耐久性，在国内首次设计研究采用"即时监测无粘结可更换预应力锚固系统"技术。

　　(2)采用钢筋混凝土塔柱及横梁和钢箱剪刀撑的钢-混组合式索塔结构，混凝土上横梁施工中采用了国内最大跨度的预应力钢支架。

□阳逻大桥

（3）使用新型复合液体黏滞阻尼装置，提升了大桥结构的抗震性能和动力特性。

（4）采用双螺旋线气动减振措施，抑制了长大吊索容易发生的涡激共振。

（5）采用地连墙"铣接头"和改良配合比的自凝灰浆挡水帷幕，解决了超深基坑防渗问题。

（6）在钢箱梁加工中设计并应用了气动U形肋装配机、全液压式反变形亚船形焊摇摆机、杆件拼接组合式立体胎架等设备，并首次采用超声振动冲击消应工艺。

（7）在缆索制作和架设中，镀锌钢丝首次采用2 t/卷的大盘重，消除了放索中的"呼啦圈"现象。建设该桥所使用的耐久型超高强度平行钢丝拉索关键技术及产业化成果获得国家科技进步奖。

依托阳逻大桥所建桥梁主题公园，将武汉桥梁特色通过各种途径展现出来，塑造城市形象，提升城市品位。

随后，又相继建成二七长江大桥、天兴洲长江大桥、鹦鹉洲长江大桥、沌口长江大桥、杨泗港长江大桥等。

武汉二七长江大桥：

武汉二七长江大桥于2011年12月31日建成通车，全长3 575 m，桥跨布置为90 m+160 m+2×616 m+160 m+90 m。桥梁采用双索面三塔斜拉桥结构形式，主梁为钢混组合；设计中较好地遵循三维空间中有良好、和谐的比例，桥塔结构设计精练、简洁，没有赘余构件，突出了与长江相协调的整体气势。

□武汉二七长江大桥

武汉沌口长江大桥：

武汉沌口长江大桥于2017年12月28日通车，大桥全长8.583 km。桥梁结构为五跨一联双塔双索面钢箱梁斜拉桥，主桥全长1 510 m，主跨760 m，全线按双向八车道高速公路设计，桥宽46 m，当时为长江上最宽的桥梁。

□武汉沌口长江大桥

菜园坝长江大桥

——世界最大跨径公轨两用 Y 构 - 提篮拱组合桥

地点：重庆市　建成时间：2007 年

　　菜园坝长江大桥分两层，上层为六车道公路，下层为双线城市轨道，构成双层特大公轨两用桥双层通行模式，同时也有效利用山地城市跨江桥梁多层次空间。

　　菜园坝长江大桥造型轻盈、苗条，犹如一位美丽的姑娘。菜园坝长江大桥"钢箱提篮拱"的桥型属世界首创，完全是针对重庆特有的两江环抱、群山相拥的地形量身定做的。就重庆山城来讲，桥型一旦"臃肿"，就会出现"见桥不见城"的尴尬。为了不破坏重庆自然的山水景观，在设计横跨长江的菜园坝大桥时，充分考虑了长江东西两岸落差大，必须选择轻盈、苗条的桥型以配合周边的环境，经过反复思考，最终选定了现在的桥型。

　　菜园坝长江大桥主桥设计坚持"效率是美"的设计理念，结合国情采用材料与结构组合技

术，组合式桁架钢梁大节段设计、制造、运输、吊安技术，分离式系杆–主动控制三大关键技术，创造性地设计了组合式公轨两用刚构–系杆拱特大桥梁体系，为我国桥梁结构创新提供了新的选择。该桥位居世界同类系杆拱桥之首。

菜园坝长江大桥结构造型简洁，强梁柔拱，刚柔共举，与桥位自然和建筑环境相合为一。在 420 m 主跨中间创造性地采用 320 m 钢箱拱，有效地解决了主拱推力过大的问题。

菜园坝长江大桥在特大公轨两用无推力系杆拱桥施工控制，公轨两用正交异性桥面钢桁梁整体节段的制造工艺，桁梁整体节段运输及工地拼接工艺技术，提篮钢箱主拱施工工艺，钢绞线系杆施工、防腐、换索工艺，重力吊装体系等方面取得了多项创新成果，形成了特大公轨两用无推力系杆拱桥的制造及施工综合技术，创新了同类桥梁构造设计理念与技术，在中国桥梁工程史上具有里程碑意义。

组合体桥梁在梁式桥中也正得到发展，已建成的世界最大跨径钢与混凝土混合刚构桥——主跨 330 m 的重庆长江大桥复线桥就是不同材料组合梁式桥。正在建设的重庆礼嘉嘉陵江大桥为我国首座梁拱组合连续刚构，主跨 245 m。该桥的建设为山区大跨径混凝土桥梁建造提供了更加经济、合理、耐久的桥梁结构选择。

□礼嘉嘉陵江大桥设计图

苏通长江公路大桥
——世界首座千米跨径斜拉桥

地点：江苏省　建成时间：2008 年

　　苏通长江公路大桥，即苏通大桥，是 G15 高速公路跨越长江的重要枢纽，是当时中国建桥史上工程规模最大、综合建设条件最复杂的特大型桥梁工程。苏通大桥全长 32.4 km，主桥采用 100 m+100 m+300 m+1 088 m+300 m+100 m+100 m 跨径布置，为双塔双索面钢箱梁斜拉桥。

□来源：百度百科

苏通大桥建设时对抗风、抗震、防冲、防撞、防腐蚀等进行了专题研究，攻克四大世界级施工技术难题：主塔墩永久性冲刷防护、主桥410根钻孔灌注桩施工、当时世界最大钢吊箱的沉放及混凝土封底、世界最大群桩基础施工。

苏通大桥建设之最：最大跨径，大桥跨径为1 088 m，是当时世界跨径最大斜拉桥；最深基础，大桥主墩基础由131根长约120 m、直径2.5~2.8 m的群桩组成，承台长114 m、宽48 m，面积有一个足球场大，是在40 m水深以下厚达300 m的软土地基上建起来的，是当时世界上规模最大、入土最深的群桩基础；最高桥塔，大桥采用高300.4 m的混凝土塔，为当时世界最高桥塔；最长拉索，大桥最长拉索长达577 m，比日本多多罗大桥斜拉索长100 m，为当时世界最长的斜拉索。苏通大桥在世界上首次提出了具有额定行程的刚性限位和动力阻尼组合装置系统的结构体系，是世界桥梁技术发展的一次跨越。

苏通大桥的建成提升了中国桥梁技术在世界工程领域的地位，代表了当时中国桥梁建设的最高水平，引领了世界桥梁建设技术的跨越，是世界桥梁建设的里程碑工程。

苏通大桥荣获中国国家科技进步一等奖、国际桥梁大会乔治·理查德森奖。

通泰大桥
——世界跨径最大的下承式异形钢结构拱桥

地点：河北省　建成时间：2008 年

　　河北张家口通泰大桥，主跨 190 m，为世界上跨径最大的下承式异形钢结构拱桥，于 2008 年建成。

　　通泰大桥与周边建筑和景观相映成趣，浑然一体，成为一道亮丽的风景线。

□来源：马晓龙 摄

杭州湾跨海大桥

——1949—2009 年中国 60 大地标及世界 12 大奇迹桥梁

地点：浙江省　建成时间：2008 年

　　杭州湾跨海大桥为连接嘉兴市和宁波市的跨海大桥，是沈海高速公路的组成部分。线路全长36 km，桥梁总长 35.7 km，于 2008 年建成。

　　杭州湾跨海大桥分别由海中平台、南北航道孔桥、水中区引桥、滩涂区引桥、陆地区引桥，各座桥塔及各立交匝道组成，全桥路段呈西北至东南方向布置。为使杭州湾跨海大桥具有较强的景观性，设计者从符号关系、构成关系、体量关系及综合类比等四个方面进行了深入比较，最终北通航孔桥采用钻石形双塔的组合方式，即采用钻石形双塔双索面钢箱梁斜拉桥，半漂浮体系，五跨连续结构，跨径布置为70 m+160 m+448 m+160 m+70 m；索塔采用钻石形塔，桥面以上为三角形结构，以利于提高结构刚度和抗风稳定性；桥面以下两塔柱收腿，使整个塔呈钻石形。主梁采用扁平钢箱梁，钢箱梁采用工厂预制成组件，组拼场拼成节段；斜拉索与钢箱梁采用耳板锚固。南通航孔桥采用 A 形单塔的组合方式，即采用 A 形独塔双索面钢箱梁斜拉桥，三跨连续结构，跨径布置为 100 m+160 m+318 m；索塔采用 A 形塔，以利于提高受力性能和结构刚度及抗风稳定性，基础采用钻孔桩及承台的整体基础，承台外周设防撞消能设施，斜拉索在索塔上通过整体钢锚箱进行锚固。桥梁结构舒展、和谐，风格独特，景观效果良好。

　　杭州湾跨海大桥总体布置为 S 形曲线，南北航道的通航孔桥处各呈一拱形，具有起伏跌宕的立面形状。

杭州湾跨海大桥使长江三角洲的经济中心上海、杭州、宁波三地相连，所以桥型设计主题为"金三角"，以与桥位区地理环境协调、与当地历史文化吻合。

杭州湾跨海大桥在海上设置平台，形成"海天一洲"和"大鹏擎珠"，寓意杭州湾地区的发展能如大鹏展翅，越飞越高。

该桥荣获国家科技进步二等奖、中国土木工程詹天佑奖，以及1949—2009年中国60大地标、世界12大奇迹桥梁称号。

三好桥

——世界首创的钢拱塔斜拉桥

地点：辽宁省　建成时间：2008 年

　　辽宁沈阳浑河三好桥是一座世界首创的钢拱塔斜拉桥，即主跨为 2×100 m 单墩双拱塔组合式空间索面斜拉桥。桥梁中是两个质量达 1 800 t 的斜拱，形为百合花瓣，又被称为在浑河上展翼的"蝴蝶翅膀"，为沈阳市的标志性建筑。

　　三好桥特点如下：

　　(1)创新地采用"钢拱塔斜拉桥"结构体系。

　　(2)主塔采用钢–混凝土组合结构。

　　(3)主桥采用单幅混凝土箱梁，结构整体性强，同时降低工程造价。

　　(4)跨度适中，景观效果好，城市地标性强。

　　(5)桥塔采用竖转施工技术，无需支架，工程造价低。

　　2009 年，三好桥获得世界桥梁设计建造最高奖"尤金·菲戈奖"。

天兴洲长江大桥
——实现中国铁路桥梁跨径从 300 m 级到 500 m 级的跨越

地点：湖北省　建成时间：2009 年

武汉天兴洲长江大桥是按四线铁路修建的双塔三索面三主桁公铁两用斜拉桥，为继武汉长江大桥之后的武汉第二座公铁两用桥，也是世界上最大的公铁两用桥，于 2009 年 12 月 26 日建成通车。

武汉天兴洲长江大桥主桥布置为 98 m+196 m+504 m+196 m+98 m。南汉主桥为公路、铁路共桥，上、下层布置，公路在上层，铁路在下层。往北在天兴洲上公路从平面上脱离铁路中心线，分离共建部分后，平行于铁路桥中线跨越北汉。

武汉天兴洲长江大桥提出并采用三索面三主桁斜拉桥结构，解决了桥梁跨度大、桥面宽、活载重、列车速度快等带来的技术难题，实现了中国铁路桥梁跨度从 300 m 级到 500 m 级的跨越；用边跨公路

混凝土桥面板与主桁结合、中跨公路正交异性钢桥面板与主桁结合共同受力的混合结构，解决了超大跨度公铁两用桥梁中跨加载时的边墩负反力问题，同时提高了桥梁结构的竖向刚度以适应高速列车运行；钢桁梁安装采用节段整体架设技术，实现了我国钢桁梁架设从传统的单根杆件安装向工厂整体制造、工地大节段架设的转变；研制了 KTY4000 型全液压动力头钻机，把长江深水中钻孔能力从 3 m 直径提高至 4 m。

该桥获得中国建设工程鲁班奖、中国土木工程詹天佑奖、国家科技进步一等奖、国际桥梁大会乔治·理查德森奖。

西堠门大桥
——首座采用分体式钢箱加劲梁的悬索桥

地点：浙江省　建成时间：2009 年

　　西堠门大桥全路线里程 5.452 km，为跨海大桥，位于西堠门水道，是甬舟高速公路的组成部分。桥梁采用分离式两跨钢箱加劲梁悬索桥形式，南边跨引桥采用预应力混凝土刚构–连续组合结构，主桥跨径布置为 578 m+1 650 m+485 m。

西堠门大桥建设在中国桥梁发展史上具有重要的意义：

（1）首次在特大跨径悬索桥中研发并应用了新型分体式钢箱梁结构，解决了风致涡振等结构抗风稳定性难题。

（2）首创了可变姿态的活动风障，保障了桥面行车与结构抗风的安全性，每年减少大桥因风关闭时间 35 天，显著提高了经济和社会效益。

（3）揭示了分体式钢箱梁纵横向受力规律和传力机理，系统研究了钢桥面板疲劳机理、抗疲劳设计及维护方法，实现了钢箱加劲梁技术创新。

（4）研发的直径 5 mm 系列缆用高强度平行钢丝，填补了国内空白。

（5）研发了多项海洋环境特大跨径悬索桥架设新技术。

西堠门大桥景观设计理念先进，以"佛光黄"作为桥塔主色调，使大桥显得庄严、吉祥，线条明快而醒目，充分体现了舟山群岛"海天佛国"的地域文化特色。

朝天门长江大桥

——当今世界最大跨径拱桥

地点：重庆市　建成时间：2009 年

　　朝天门是"重庆十大文化符号"之一，位于重庆市渝中区渝中半岛的嘉陵江与长江交汇处，是重庆历史上的十七座古城门之一。

　　朝天门长江大桥于 2004 年底开工，2009 年 4 月竣工。主桥采用 190 m+552 m+190 m 的中承式连续钢桁架系杆拱桥。朝天门长江大桥特大跨径拱桥的建设既是连接长江南北两岸交通需要，更是为远道而来的客人找"门"的需要。桥梁设计功能为公路、轨道交通两用。其中，上层桥面设双向六车道和双侧人行道，总宽 36.5 m；下层桥面中央设双线城市轨道交通线，两侧各预留宽 7 m 的车行道。该桥在桥梁型式、结构体系、桥梁跨径、施工及控制、桥梁功能等方面创造了诸多新纪录。

　　拱桥是一个大家族，无论从结构体系、桥用材料还是施工方式来看，552 m 跨径的朝天门长江大桥均居世界拱桥跨径之首，是名副其实的"世界第一拱"。大桥优美的外形堪称桥梁与艺术的完美结合，已成为重庆的标志性建筑。

　　朝天门长江大桥创造性提出特大跨径三跨连续钢桁拱桥结构体系与构造，从而形成了特大跨径钢桁拱桥的设计方法；形成了特大跨三跨连续的自平衡钢桁拱桥结构体系，即桥梁结构整体呈三跨连续拱梁受力体系，主跨 552 m，中央 488 m，呈系杆拱的受力特征；纵向设置一个固定铰支座和三个活动支座，仅在主跨下层系杆的范围内呈现拱桥的受力特性，全桥整体呈现连续梁的受力特点，下部结构不承受水平推力，各部位结构体系温度内力小，中跨合龙前两侧主梁均为单悬臂简支状态，利于主桁结构的

无应力合龙控制与跨径调整，实现了桥梁结构设计中的结构安全性、施工便利性及长期耐久性的高度统一。研发了145 000 t 世界最大吨位球形抗震支座。利用球形支座转动和滑动的特点，施工期间延长其滑动面，通过主墩支座的转动和滑动实现了桥梁施工过程预控联动自调整控制。

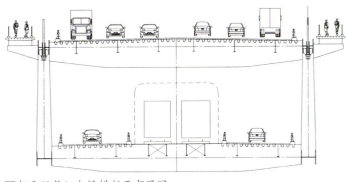

□朝天门长江大桥横断面布置图

桥梁首次采用了部分板桁结合、刚柔组合系杆和悬吊式桁架结构构造，通过采用高强度钢材（Q420qD、Q370qD 和 Q345qD）和变宽度杆件（1.2 m 和 1.6 m），打破了钢桁架桥杆件的设计传统，安全又经济；首次采用"刚性系杆＋辅助系索"的组合式系杆，有效降低了刚性系杆杆件内力，减小了构件规模及用钢量；下层桥面采用组合式桥面系，两侧正交异性桥面板满足了公路交通需要，中间纵横梁结构体系满足轻轨需要，构造简洁，用钢量省；采用桁片间设置横向柔性横梁＋部分板桁结合的桥面结构创新设计，改变了传统桥面板全部简支或板桁结合设计，降低了板桁温差对桥面横梁受力的不利影响，施工方便，为大跨径、大桥宽的钢桁桥梁找到了一种合理构造；双层桥面采用双层系杆兼作弦杆、无斜杆的悬吊结构形式，与刚性桁架结构相比，该结构体系使双层系杆的受力更为明确、简洁，让下桥面及轻轨乘客过江时有较好的视觉感和舒适感。

朝天门长江大桥的建成使中国站在了世界拱桥建设水平的新高度。该桥实现了功能、技术、艺术与环境、人文的高度融合，入选了"百年百项杰出土木工程"。

南京大胜关长江大桥

——当时世界首座六线铁路大桥、世界最大跨径及最大荷载高速铁路桥

地点：江苏省　建成时间：2011 年

　　南京大胜关长江大桥是跨越长江的高速铁路桥梁工程，建成时是世界首座六线铁路大桥，也是世界上跨度最大、设计荷载最大的高速铁路桥。

南京大胜关长江大桥为六跨连续钢桁梁拱桥，桥梁全长9 273 m，主跨孔跨布置为108 m+ 192m+ 2×336 m+192 m+108 m。桥上的轨道为六线，具有体量大、跨度大、荷载大、速度高（"三大一高"）的特点。

南京大胜关长江大桥建设过程中克服了诸多难题，包括当时国内最大的深水基础双壁钢吊箱围堰整体制造、下河、浮运施工，以及钢围堰在水深流急、涨落潮差中如何精确定位；水上大型浮吊安装主桥墩顶钢梁如何达到精度要求和对位；悬臂长、合龙口多、杆件吊重大、安装精度要求高的六跨连续钢桁拱悬臂拼装施工，三片主桁超静定合龙等。

南京大胜关长江大桥根据建设需要首次采用了Q420级高强度、高韧性与良好焊接性能的新型钢材，主桥钢梁首次采用了三片主桁承重结构、正交异性钢桥面板，研制使用了400 t全回转浮吊、大扭矩钻机、70 t变坡爬行架梁吊机和高70余米、重2 000余吨的三层吊索塔架等新材料、新结构、新设备、新工艺。

南京大胜关长江大桥作为京沪高速铁路工程的重要组成部分，获国家科学技术进步奖特等奖、乔治·理查德森大奖，以及国际桥协杰出结构工程奖。南京大胜关长江大桥标志着中国桥梁建造技术跻身于世界领先行列。

丹昆特大桥
——世界最长的桥梁

地点：江苏省 建成时间：2011 年

丹昆特大桥位于京沪高铁江苏段，起自丹阳，途径常州、无锡、苏州，终到昆山，将这些城市如珍珠般串联起。大桥的大致走向与长江平行。

由于江苏南部处于长江三角洲冲击平原之中，地理特征为低洼，软土广布，运河、湖泊水网密集；同时，此地区经济发达，土地资源

□丹昆特大桥途经路线示意图

较为紧缺。因此，使用高架桥可以减少沉降，节约土地，并避免与横穿铁路的行人、车辆可能发生的相撞事故。该桥在苏州市境内有段长9 km 的部分跨越阳澄湖，为避免对阳澄湖水质造成破坏，此处建桥采用了泥浆外运的方法。

丹昆特大桥由 4 500 多个 900 t 箱梁构成，全长 164.851 km，是美国庞恰特雷恩湖桥的 4 倍多，成为世界最长的桥梁。

大桥于 2008 年 4 月 7 日灌注第一根桩，2009 年 5 月 24 日完成桥梁架设，2010 年 11 月 6 日完成铺轨工作，2011 年 6 月随京沪高铁投入使用。

果子沟大桥

——中国第一座公路钢桁架主梁斜拉桥

地点：新疆维吾尔自治区　建成时间：2011 年

　　果子沟大桥为国内第一座公路双塔双索面钢桁梁斜拉桥，位于国道 045 线赛里木湖至果子沟口高速公路上，于 2011 年建成。该桥在新疆首次使用大体积混凝土温度控制技术、塔梁异步施工工艺、液压爬膜、自行式移动模架等国内领先技术，为山区高速公路施工积累了宝贵的经验。桥梁在设计施工中秉承"以最小限度破坏、最大限度的恢复"的环保理念，使得桥身与周围的美景浑然一体，为果子沟国家级风景区再添一道美丽风景。

　　钢桁梁是由钢杆件组成的结构，具有跨越能力大、适合于工业化制造、便于运输、安装速度快以及钢桥构件易于修复和更换等特点，在铁路桥梁以及公铁（轨）两用桥梁中使用广泛。随着山区公路桥梁建

设的发展需要，跨越能力更大的斜拉桥的建造越来越多，其中施工安装更为方便的钢桁架主梁应用增多，果子沟大桥建成为后续公路钢桁架主梁斜拉桥快速发展开辟了新途径。

2014 年建成的湖北省宣恩县安来高速公路忠建河大桥，针对困难的施工条件，采用钢桁架主梁斜拉桥，主跨 400 m，桥高 260 m，塔高 245 m，是安来高速公路恩施—来凤段的控制性工程。

□ 钢桁梁

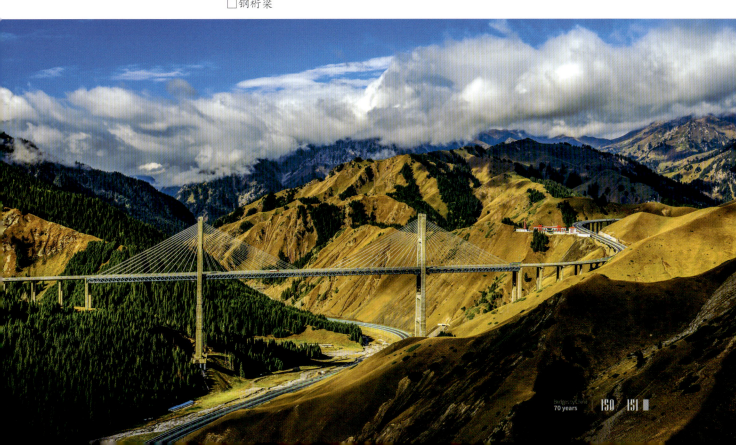

胶州湾大桥

——2011 年《福布斯》榜 "全球最棒 11 座桥梁"

地点：山东省　建成时间 :2011 年

　　胶州湾大桥原名青岛海湾大桥，位于胶州湾之上，是青兰高速公路的重要组成部分，也是青岛市区西北部城市主干道的构成部分。胶州湾大桥工程线路全长 26.707 km，桥梁全长 25.881 km，于 2011 年建成。

　　胶州湾大桥由沧口航道主桥、红岛航道主桥、大沽河航道主桥、东西引桥、塔柱、黄岛东枢纽立交桥、红岛互通立交桥以及李村河互通立交匝道等组成。

沧口航道桥为双幅分离双塔双索面钢箱梁斜拉桥，跨径布置为80 m+90 m+260 m+90 m+80 m，边跨设置辅助墩，采用五跨连续半漂浮结构体系，斜拉索采用平行索布置。沧口航道桥两幅桥索塔分离，单幅索塔为 H 形结构。上塔柱为钢与混凝土组合结构，索塔横梁为预应力混凝土结构。红岛航道桥为独塔平行稀索钢箱梁斜拉桥，跨径布置为 120 m+120 m，采用两跨连续半漂浮结构体系，斜拉索采用平行索布置。红岛航道桥桥塔与沧口航道桥相似。大沽河航道桥为自锚式悬索桥，跨径布置为 808 m+260 m+190 m+ 80 m，桥采用自锚和边跨两侧各布置了 80 m 跨度的辅助跨，主跨和边跨为悬吊体系。索塔采用独柱混凝土塔，塔身截面采用哑铃形变截面，索塔两侧设有三角撑，在其上设置钢箱加劲梁的竖向支座。

胶州湾大桥针对气候环境恶劣、环保要求高、施工难度大、施工精度要求高等难点，采用了大节段钢箱梁安装施工技术、大跨径小半径曲线箱梁施工技术、海上大型钢套安装施工技术以及承台套箱围堰施工技术。

胶州湾大桥结构新颖，造型独特，美观大气，三座航道桥与蜿蜒的非通航孔桥、海上互通立交等共同谱写了一部气势磅礴的桥梁组曲，既与青岛市的城市及建筑风格相呼应，又富有现代气息，是国际屈指可数的现代化桥梁集群工程。该桥建成后成为青岛市的又一标志性建筑，为中国桥梁史再添辉煌的一页。

2013 年，该桥获得国际桥梁大会乔治·理查德森奖。

干海子特大桥
——世界最长全钢管混凝土桁架梁桥

地点：四川省　建成时间：2012 年

□来源：清风 摄

　　干海子特大桥位于雅（安）泸（沽）高速公路四川雅安石棉县境内，全长 1 811 m，全桥 36 跨，桥跨采用钢管桁架梁结构，主体结构全部采用钢纤维混凝土。

　　雅西高速全程海拔起伏极大，最大高差达到 2 000 多米，每 10 分钟 10 km 上升 300 m。碍于泥巴山、拖乌山，雅西高速公路在此采用了极富景观价值的双螺旋隧道设计，干海子特大桥就包含在双螺旋隧道之内。

　　干海子特大桥除"巨无霸过山车"式的布置让人震撼外，还创造多项世界之最：最长全钢管混凝土桁架梁桥，世界上最高的钢管混凝土格构桥墩、组合桥墩及混合桥桥墩，同类结构中联长最长的连续结构以及第一次全面采用钢纤维钢管混凝土，首次采用钢管混凝土柱肢＋混凝土腹板的混合式桥墩。桥梁采取了一系列增大刚度的措施，包括墩与梁固接；释放纵桥向自由度；高度高于 60 m 的桥墩，在桥墩底部 30 m 高度范围内纵桥向设置腹板，横向增设"K"撑。

　　干海子特大桥的建成为山区高速公路桥梁结构形式、材料等提供了新的选择，特别是在桥梁与环境协调方面可谓典范。

泰州大桥
——世界上首次实现三塔悬索桥塔跨径由百米向千米的突破

地点：江苏省　建成时间：2012 年

　　泰州长江公路大桥连接江苏泰州市高港区和扬中市，是沪宁高速公路和常州西绕城高速的重要组成部分。大桥跨江主桥采用桥跨布置为 390 m+1 080 m+1 080 m+390 m 三塔两跨钢箱梁悬索桥，中塔采用纵向人字形、横向门式框架型钢塔，人字形钢塔为首次采用。

　　泰州长江公路大桥为世界最大跨径三塔悬索大桥，主要技术成果有：

　　(1) 解决了中塔因刚柔相济的受力特性而选择的纵向人字形、横向门式框架钢塔结构(总质量 13 000 t)超厚(150 mm) Q420qD 高强度钢板焊接质量及焊接变形控制难题。

　　(2) 解决了塔柱吊装难题。

　　(3) 解决了因三塔悬索桥带来的猫道设计、缆索架设及三次跨越塔顶以及索股更容易产生断带、鼓丝、扭转和呼啦圈等难题。

　　(4) 解决了适应三塔连跨悬索桥柔性缆索体系的超长、超柔钢桥面结构柔性设计难题。

　　(5) 解决了当时最大水中沉井(58 m 长 ×44 m 宽，下沉到 – 70 m 标高)技术难题，填补了特大型水中沉井基础技术空白。

　　泰州大桥在世界上实现三塔悬索桥塔跨径由百米向千米的突破，获得英国卓越结构工程大奖和国际桥梁及结构工程协会杰出结构工程奖。

矮寨大桥
——世界最大跨径跨峡谷悬索桥

地点：湖南省　建成时间：2012 年

　　矮寨大桥，即矮寨特大悬索桥，为双层公路、观光通道两用桥梁，其中上层为四车道高速公路。桥型为钢桁加劲梁单跨悬索桥，全长 1 073.65 m，主跨为 1 176 m，于 2012 年建成。

　　矮寨大桥横跨德夯大峡谷，面临地形险要、地质复杂、气象多变、运输和吊装困难等难题。落差达 400 多米，悬索桥方案成为最佳选择。矮寨大桥的主要特色在于：

　　（1）采用塔梁完全分离结构，即将加劲梁置于索塔向跨中一定位置，以缩短钢桁梁长度，最大限度减少对山体的开挖，节省投资；实现了桥梁结构与自然景观的完美融合。

　　（2）在悬索桥上使用大型岩锚吊索，即针对加劲梁长度小于主塔中心距而使得主缆存在无吊索区的情况，采取了增加竖向锚固拉索措施。

　　（3）采用轨索移梁法安装加劲梁，即利用大桥永久吊索，在其下端安装水平轨索，再将水平轨索张紧作为加劲梁的运梁轨道，实现由跨中往两端节段拼装大桥的钢桁加劲梁。

　　(4)采用碳纤维预应力索对岩锚底座进行锚固。

　　中国首座山区特大悬索桥为2009年通车的沪渝高速四渡河特大桥，跨径900 m。相继通车的贵州坝陵河特大桥则将山区悬索桥跨径增大到了1 088 m。矮寨特大悬索桥则又创造了多项世界第一：主跨1 176 m跨峡谷悬索桥，创世界第一；首次采用塔、梁完全分离的结构设计方案；首次采用"轨索滑移法"架设钢桁梁和首次采用岩锚吊索结构，并用碳纤维作为预应力筋材。

南京长江第四大桥

——在同类桥型中居当时世界第三

地点：江苏省　建成时间：2012 年

　　南京长江第四大桥位于江苏省南京市境内，是我国"五纵七横"国道主干线中上海—成都高速公路的枢纽，在同类桥型中居当时世界第三。

　　南京长汀第四大桥工程线路全长 28.996 km，其中跨江大桥长 5.5 km，主跨采用 1 418 m 三跨吊悬索桥，跨径布置为 166 m+410.2 m+1 418 m+363.4 m+118.4 m。

　　南京长江第四大桥为双塔三跨悬索桥，悬吊系统采用销铰式吊索和索夹的结构方案，吊索与索夹、钢箱梁（过渡墩）为销铰式连接。大桥主缆采用高强度镀锌平行钢丝索股（PPWS）。每根主缆中，从北锚碇到南锚碇的通长索股有 135 股，北边跨另设 6 根索股，在北主索鞍上锚固；南边跨设 8 根背索，在南主索鞍上锚固。每根索股由 127 根高强度镀锌钢丝组成。

　　南京长江第四大桥桥墩底座各被包裹上一层钢材质的缓冲结构（总质量达到 3 100 t），以解决悬索桥结构所带来的柔性更大、桥身晃动问题，并同时起到防撞作用。

马鞍山长江大桥

——长江左右汊桥型协调的桥梁

地点：安徽省　建成时间：2013 年

马鞍山长江大桥是巢湖市和马鞍山市的过江通道，位于长江水道，于 2013 年建成。

马鞍山长江大桥由左汊桥、右汊桥六座桥塔、引桥及其各立交匝道组成。左汊桥为三塔两跨悬索桥，跨径布置为 360 m+1 080 m+1 080 m+360 m，中跨主缆理论垂度 120 m，垂跨比为 1/9，边跨主缆理论垂度 2.682 m，垂跨比为 1/134.228。右汊桥为三塔六跨双索面半漂浮体系斜拉桥，跨径布置为 38 m+82 m+2×260 m+82 m+38 m。

左汊桥桥塔采用了古朴素雅的门式 H 形结构，横梁设计中采用了徽派特色的牌坊式造型。右汊桥采用变形的 A 形塔。A-H 与安徽汉语拼音的首字母一致，表明了马鞍山长江大桥所处的地理位置。

马鞍山长江大桥采用非漂移结构体系与钢–混叠合中塔，提高了中塔顶鞍槽内主缆的抗滑稳定安全

□左汊桥

系数，解决了三塔悬索桥中塔顶鞍槽内主缆抗滑稳定不足的问题，保证大桥体系稳定、受力安全；开展了三塔连跨悬索桥施工技术的系列研究，形成了考虑精确制造以及平衡吊装的钢箱梁吊装新技术、遥控飞艇架设技术、悬索桥索股双缠包带与新型拽拉器防扭转法架设施工工法、超高钢筋混凝土索塔环缝切割与梯度养护施工工法、拱形钢筋混凝土塔柱变曲率模板施工工法、钢混叠合塔塔柱施工工法等；采用了基于建管养一体化模式的钢桥面铺装成套技术。

该桥先后获得国际桥梁大会乔治·理查德森奖、中国建设工程鲁班奖及中国土木工程詹天佑奖。

□右汊桥

嘉绍大桥

——第一座建在世界三大强涌潮河口之一的中国钱塘江入海口的世界级桥梁

地点：浙江省　建成时间：2013年

　　嘉绍大桥位于连接嘉兴市与绍兴市过江通道，在浙江省杭州湾海域内，是常台高速公路的组成部分。嘉绍大桥南起沽渚枢纽，跨越杭州湾，北至南湖枢纽，全长10.137 km。

　　嘉绍大桥主航道桥为六塔独柱斜拉桥，跨径布置为70 m+200 m+5×428 m+200 m+70 m，桥长2 680 m，分出5个主通航孔，索塔数量、主桥长度规模均居世界第一。主航道桥采用独柱四索面六塔斜拉钢箱梁桥结构，主桥跨中设置伸缩缝，伸缩缝处主梁采用刚性铰构造。北副航道桥采用变截面连续刚构桥。南、北水中区引桥采用70 m跨径等截面预应力混凝土连续刚构桥，下部结构采用单桩独柱形式，基础采用3.8 m大直径钻孔灌注桩。南、北陆地区引桥采用50 m跨径等截面预应力混凝土连续箱梁。

　　针对主航道摆动对通航的影响问题，嘉绍大桥创造性设置5个主通航孔，以适应河床的频繁摆动。为不影响举世闻名的钱塘江大潮，水中区引桥首次大规模采用3.8 m大直径单桩独柱结构的桥墩设计。大桥首创采用了刚性铰装置，解决了类似超长连续桥梁主梁的伸缩问题。在中国首创索塔"X"形托架。首次采用在单桩独柱桥墩上利用架桥机进行节段拼装连续刚构。

　　嘉绍大桥是人类第一次在世界三大强涌潮河口（中国钱塘江、巴西亚马孙河、印度恒河）之一的钱塘

□来源：新华社

江入海口建设的一座世界级桥梁，是世界首次在强涌潮河段采用船舶运输安装大体积钢箱梁的桥梁。

　　该桥先后获得中国公路学会科学技术奖特等奖、国际桥梁大会古斯塔夫·林登撒尔奖、国际路联杰出工程设计大奖、国际咨询工程师联合会"FIDIC百年重大土木工程项目杰出奖"。

□来源：百度百科

合江长江一桥
——目前世界最大跨径钢管混凝土拱桥

地点：四川省　建成时间：2013 年

　　合江长江一桥又名波司登大桥，位于成渝环线高速公路上，为中承式钢管混凝土拱桥，主跨 530 m，净矢跨比为 1/4.5，拱轴系数为 1.45。拱顶截面径向高为 8 m，拱脚截面径向高为 16 m，肋宽为 4 m，是目前已建成的世界最大跨径钢管混凝土拱桥。

　　合江长江一桥是在 460 m 巫山长江大桥基础上通过一系列技术创新与研发而建成的，其跨径打破了巫山长江大桥保持的世界最大跨径钢管混凝土拱桥纪录。合江长江一桥技术创新

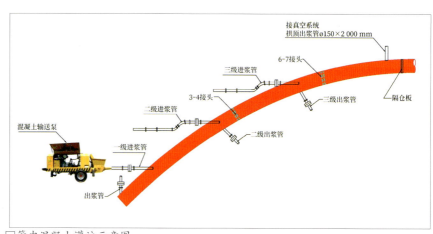

□管内混凝土灌注示意图

包括：首次提出了一种新型钢管混凝土拱桥主拱间横撑，轻型美观，实现了主拱骨架的无临时构件安装；设计了一种新型钢-混凝土组合桥面体系，克服了一个吊杆断开后桥面垮塌的问题，同时避免了一般叠合梁桥质量通病及繁琐施工，也避免了钢桥面铺装的难题；研发了新型吊杆拉索，提高了防腐、抗疲劳能力，使吊杆更换周期由 10 年提高到 30 年以上。

施工技术创新：(1)500 m 级钢管混凝土拱桥钢拱肋制造技术；(2)500 m 级跨径钢管拱桥拱肋安装技术：开发了摇臂抱杆技术，开发出新型可移动式缆索吊机索鞍，开发出大节段拱肋水上转向起吊安装技术，开发了组合式斜拉扣挂锚锭技术；(3)真空辅助多级连续灌注管内混凝土技术；(4)桥面钢格子梁安装技术。

该桥获得中国建设工程鲁班奖、中国土木工程詹天佑奖、国家科学技术进步二等奖、国际桥梁大会乔治·理查德森奖。

正在建设的广西平南三桥为中承式钢管混凝土拱桥，计算跨径达 560 m，建成后将成为世界新的最大跨径钢管混凝土拱桥。

水盘高速公路北盘江特大桥
——世界首创大跨径空腹式连续刚构桥

地点：贵州省　建成时间：2013 年

　　水盘高速公路北盘江特大桥为预应力混凝土空腹刚构桥，位于贵州省西部的六盘水市水城县发耳乡和营盘乡交界处，全长 1 261 m，最大墩高 170 m，最大跨度 290 m，跨越号称"世界大峡谷"的北盘江峡谷，主跨 290 m。大桥为空腹式连续刚构桥，为世界首创。跨径为亚洲第一，世界第三，是科技含量最高、技术难点最多、施工工艺最为复杂的特大型桥梁之一。

　　该桥获得中国建设工程鲁班奖、中国土木工程詹天佑奖和贵州省科技进步一等奖。

桃花峪黄河公路大桥

——当时世界最大跨径全钢箱加劲梁自锚式悬索桥

地点：河南省　建成时间：2013 年

郑州桃花峪黄河公路大桥位于河南省荥阳市和焦作市武陟县交界处，是武陟至西峡高速公路跨越黄河的一座特大桥，于 2013 年建成。

桥梁为三跨双塔自锚式悬索桥，设计全长 7 691.5 m，采用双向六车道高速公路标准设计，设计行车速度为 100 km/h，主跨 406 m，是当时世界最大跨径全钢箱加劲梁自锚式悬索桥。

桃花峪黄河公路大桥采用先在支架上形成钢加劲梁，然后转换成悬索桥的成桥方式。

重庆两江大桥
——世界最大跨径公轨两用单索面双桁片主梁斜拉桥

地点：重庆市　建成时间：2014 年

　　重庆两江大桥包含东水门长江大桥与千厮门嘉陵江大桥，其中东水门大桥跨越长江，连接重庆渝中区与重庆南岸区；千厮门大桥跨越嘉陵江，连接重庆渝中区和重庆江北区。两座大桥无论外形还是功能，都极其相似，因此被喻为"双子桥"或"双胞胎桥"。两桥均为"公路＋轨道"模式，分为上、下两层：上层设置人行道及双向四车道；下层是双向轨道线，轨道 6 号线经下层桥面通过长江和嘉陵江。

　　重庆东水门长江大桥与千厮门嘉陵江大桥位于重庆市核心区，桥梁景观效果在桥梁选型中占有极其重要的地位。通过公开征集方案，最终选定斜拉桥与悬索桥。

　　东水门长江大桥采用跨径布置为 222.5 m＋445 m＋190.5 m＝858 m 的公轨两用双塔单索面钢桁梁斜拉桥，主桥全宽 24～39.2 m，每座塔各设置了 9 对拉索。

　　千厮门嘉陵江大桥采用跨径布置为 88 m＋312 m＋240 m＋80 m＝720 m 的公轨两用单塔单索面钢桁梁斜拉桥，主桥全宽 24～37 m，设置了 10 对拉索。

千厮门嘉陵江大桥

东水门长江大桥

□两座相似度极高的"双子桥"

　　两桥笔直的拉索尽显张力，曲线的塔柱透出柔和。从空中鸟瞰两江大桥，宏伟、柔美两相宜。两座大桥将"两江四岸"连成一个整体，一气呵成，气势磅礴，成为两江交汇口一道独特的亮丽风景，吸引世人的目光。

　　大桥采用单索面稀索部分斜拉结构体系，充分利用线路交通所需的主梁高度，改变常规斜拉桥主梁仅承受传递活载作用的受力模式，让主梁和拉索共同承受结构自重，减少拉索数量，很好地解决了密索体系的屏障效应。主梁刚度的充分利用也让结构拥有很好的经济性能指标，合理的结构体系达到了功能、经济和景观的和谐统一。桥梁结构体系创新独特，技术领先。

　　桥梁梭形主塔外轮廓立面从上塔柱至塔底由一条直线连接两段相切的圆弧勾勒而成，平面看上、下塔柱均为曲面，从上而下保持相同的圆弧半径，变宽处由直线相连，线形柔美流畅；橄榄叶形的内部线条由上、下两段圆弧组成，与外轮廓相得益彰；梭形变化至橄榄叶形则由两个向内倾斜 8° 的斜面完成。整个桥塔呈现出简约、秀美而又充满现代气息的艺术风格。桥墩在主梁之下开始分成两个塔肢，留出空间放置主梁，然后再收回。一放一收，将主梁含在桥塔中央。塔肢在顶部收拢，成为斜拉索的锚固区。

东水门长江大桥与千厮门嘉陵江大桥为世界首创的公轨两用双桁片主梁单索面稀索斜拉桥，属于一种索辅梁桥（也称部分斜拉桥）。在"公路—轨道"模式的大桥中，东水门长江大桥与千厮门嘉陵江大桥两座桥的跨度均是世界第一，也是世界第一座单索面双桁片斜拉桥，更是世界上首个跨径突破 400 m 的部分斜拉桥，具有里程碑意义。

大桥索塔锚固区采用了国内首创的外置式钢锚箱型式，钢锚箱通过剪力钉与分离式塔肢进行连接，索力由剪力钉、锚箱侧拉板和摩擦力共同承担，明确了索力在不同构造之间的分配比例，为今后同类型桥梁的设计奠定了基础。

重庆东水门与千厮门"双子桥"的建造方法为世界上绝无仅有；桥梁索梁锚固形式为世界首创；桥梁索塔锚吨位居世界第一；全桥梁仅有 36 根斜拉索，单根拉索为 139 股平行钢绞线，斜拉索钢绞线约 980 t，拉索吨位创世界之最；桥梁主桥塔下大吨位支座采用的牛腿支撑方式创世界之最。

　　重庆东水门长江大桥、千厮门嘉陵江大桥两桥同型、两位一体，相互映衬、独自成景，与环境高度融合协调，是集综合交通、人文景观、科技创新于一体的地标建筑。大桥获得中国土木工程詹天佑奖。

鹦鹉洲长江大桥
——世界首座主缆连续的三塔四跨悬索桥

地点：湖北省　建成时间：2014 年

　　鹦鹉洲长江大桥是连接武汉市汉阳区与武昌区的过江通道，为世界首座主缆连续的三塔四跨悬索桥，全长 3 420 m，于 2014 年 12 月建成通车。桥梁采用三塔四跨钢 - 混结合加劲梁悬索桥的方案，避免了高耸的桥塔对城市景观的不良影响，主缆起伏的外形富有韵律美，桥塔稳重的气势与浩瀚的长江相呼应，三塔耸立，寓意武汉三镇全面协调可持续均衡蓬勃发展。桥梁主跨跨径为 2×850 m，加劲梁和中塔柱采用钢 - 混结合结构。

沪昆高铁北盘江特大桥
——世界同类型铁路拱桥跨径之最

地点：贵州省　建成时间：2015 年

□ 高速列车通过该桥为6秒，但桥梁建设者们在艰苦的山沟里奋战了6年（来源：邢贵龙　摄）

北盘江特大桥是沪昆高铁贵州西段的控制性工程，位于贵州省关岭布依族苗族自治县与晴隆县交界处。大桥为上承式劲性骨架钢筋混凝土拱桥，大桥一跨跨越北盘江，距江面高约 300 m，全长 721.25 m，其中主桥 445 m，为目前世界同类型铁路拱桥跨径之最。

北盘江特大桥建设最大难点在于施工。施工中融汇了中国桥梁建设中拱桥、斜拉桥、连续梁桥等桥型的特点。其中，采用的缆索吊单塔双锚跨径达到 827 m，在国内属第一；主跨钢管拱内首次使用 C80 混凝土先进技术。

远观北盘江特大桥犹如一道彩虹，飞跃北盘江峡谷，将天堑变通途。该桥具有"高、精、尖、难、险"等特点，在新材料、新结构、新设备等方面进行了创新运用。

北盘江特大桥结构新颖，外形美观，是一座集高科技及景观为一体的桥梁，代表着钢筋混凝土拱桥建造的最高水平。实现了钢筋混凝土拱桥最大跨径、高速铁路桥梁最大跨度、大跨度桥梁刚度控制、大跨度混凝土拱桥施工方法、大跨度桥梁铺设新型聚氨酯固化道床的"五大突破"。

清水河大桥
——国内首座千米级缆索吊施工的桥梁

地点：贵州省　建成时间：2015 年

　　清水河大桥位于贵州省开阳县与瓮安县交界处，主跨 1 130 m，是世界上最大单跨板桁结合加劲梁悬索桥，也是亚洲第一的山区双塔单跨钢桁悬索桥。大桥主塔塔顶至清水河江面垂直高度达到 540 m，清水河桥面距峡谷垂直高度也达到 406 m，是世界第 2 高桥。

　　板桁结合设计是清水河大桥在科技创新上最大的亮点，同时也是在国内首次使用千米级缆索吊设备，大幅度节省了桥梁加劲梁的吊装时间。

新月桥
——著名人行景观桥

地点：台湾省　建成时间：2015 年

　　新月桥位于台湾新北市，为人行景观桥，采用 100 m+200 m 不对称下承式系杆钢拱结构，于 2015 年建成。

　　新月桥桥梁以不对称双钢系拱桥与吊索组合，打造出律动山水、活力四射的意象。新月桥桥面十分宽广，可以让行人和自行车通行，打造了完善的行人与自行车共用的优质空间，而为了增添便利性，牵引道没有阶梯，皆是斜坡，并设置多个出入口，对于行动不便者、老人、婴儿车等都相当便利。

南盘江特大桥
——世界最大跨度客货共线铁路拱桥

地点：云南省　建成时间：2016 年

　　云桂铁路南盘江特大桥位于云南省红河哈尼族彝族自治州与文山壮族苗族自治州交界处，全长 852.43 m，最高桥墩 102 m，桥高 270 m，主跨 416 m，在客货共线同类型铁路桥梁中跨径为世界第一。主拱采用钢管混凝土劲性骨架外包混凝土施工工艺。拱圈外包混凝土达 2.4 万方，采用普通施工工艺很难实现一次性浇筑。通过采用斜拉扣挂施工及控制方法，实现拱圈一次性连续浇筑。

□来源：佳佳　摄

赤石大桥

——世界第一大跨径、第一高桥墩多塔混凝土斜拉桥

地点：湖南省　建成时间：2016 年

　　赤石大桥是厦蓉高速湖南汝郴段的关键控制性工程，于 2016 年建成。桥梁为四塔斜拉桥，主梁采用混凝土结构，跨径 380 m。驻足远眺，赤石大桥 4 座主塔高259.63~286.63 m 不等，接近于 100 层楼高，勾勒出"小蛮腰"曲线。从桥上向下眺望，桥面离地 186 m，农田、山泉、农舍一览无余。为此，桥梁预留了观景平台建设空间。

　　赤石大桥为世界第一大跨径、第一高桥墩多塔混凝土斜拉桥。为提高桥塔整体刚度而将主塔设计为双面双曲线收腰的"S"形为世界首创；主梁悬浇挂篮设计承载力达760 t，为世界承载力最大的桥梁施工挂篮；为提高桥梁抗风能力而在主梁安装下拉抗风索，并在梁端安装横桥向电涡流调谐质量阻尼器的抗风措施为世界首创；大桥安装的高防撞等级景观钢护栏，是世界首个防护等级达最高等级（HA 级）的桥梁钢护栏。

北盘江第一桥

——世界最高桥梁

地点：贵州省　建成时间：2016 年

　　北盘江第一桥即杭瑞高速北盘江大桥，是连接云南省曲靖市宣威市普立乡与贵州省六盘水市水城县都格镇的特大桥，位于泥猪河之上，于 2016 年 12 月建成。

　　北盘江第一桥主桥采用双塔双索面钢桁梁斜拉桥，主梁采用由钢桁架和正交异性钢桥面板结合的钢桁梁结构体系，主桁架采用普拉特式结构。跨径布置为 80 m+2×88 m+720 m+2×88 m+80 m。桥面至江面距离 565.4 m，为世界最高的桥梁，并载入吉尼斯世界纪录大全。北盘江第一桥地处高原边界深山地区，跨越河谷深切 600 m 的北盘江"U"形大峡谷，地势十分险峻，地质灾害频发，大风、雾、雨、凝冻等恶劣的自然气候环境，给大型桥梁在抗风、冻雨条件下的结构安全和运营带来严峻考验。为此，大桥建设者研发建立了一个集"建设、管理、养护"于一体的桥梁管养综合信息化平台。

云天渡

——世界首座斜拉式高山峡谷玻璃桥

地点：湖南省　建成时间：2016 年

　　云天渡原名张家界大峡谷玻璃桥，系景观桥梁，兼具景区行人通行、游览、蹦极、溜索等多种功能。桥梁主跨 430 m，一跨过峡谷，桥面长 375 m，宽 6 m，桥面距谷底相对高度约 300 m。桥梁为全透明玻璃桥，为世界首座斜拉式高山峡谷玻璃桥，并创下多项之最：世界最长玻璃桥面人行桥、世界最高的玻璃面人行桥、世界首座大张开量空间索面悬索桥、世界首座玻璃作为主要受力结构的大型桥梁、世界上主梁的高度和跨度比最小的桥梁、世界首座超大跨度而没有抗风缆的悬索桥、世界首座同时采用多种

□张家界大峡谷玻璃桥

减震装置来遏制不同方向振动的桥梁。桥梁建设充分体现了桥梁新结构、新材料、新技术、新工艺与桥梁环境、建筑艺术及游人心理等有机结合。

2016 年，张家界大峡谷玻璃桥面向全球征集桥名，更名为"云天渡"，意即"天桥合一，以渡天下之人"。2018 年云天渡获国际桥梁大会颁发的阿瑟·海登奖。

云天渡建成后，我国相继建成多座玻璃桥，其中 2017 年建成的石家庄红崖谷玻璃桥长度为 488 m，超越云天渡成为新的世界最长的玻璃桥。

龙江大桥
——当时亚洲最大跨径高速公路悬索桥

地点：云南省　建成时间：2016 年

龙江大桥跨越云南省保山市龙陵县龙江乡上邦焕村与腾冲县五合乡大丙弄村之间的龙川江河谷，为单跨简支钢箱梁悬索桥。

龙江大桥为单跨简支钢箱梁悬索桥，全桥布置为：预应力混凝土 T 形梁桥 + 预应力混凝土连续箱梁桥 +1 196 m 钢箱梁悬索桥 + 预应力混凝土 T 形梁桥，加劲梁采用流线型扁平钢箱结构。

龙江大桥技术创新：在国内大跨径桥梁中首次采用无人飞行器牵引先导索过江的施工技术；国内首次成功采用索股入安鞍段预成型及架设技

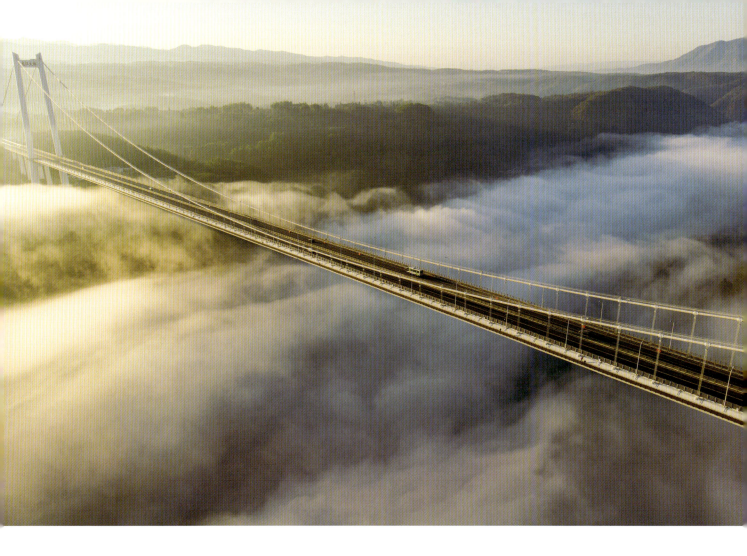

术；国内首次采用圆形缠丝加缠包带方式加除湿系统方式进行主缆防护；国内首次采用喷洒葡萄糖酸钠作为缓凝剂，配合水枪冲刷的方式进行锚碇混凝土凿毛施工；在桥梁大体积混凝土中成功采用火山灰作为混凝土外掺剂等。

龙江大桥当时是亚洲最大跨径高速公路悬索桥，也是保腾高速公路"历史文化之旅、自然景观之旅、国际通道之旅"的标志性建筑。

在建的云南金安金沙江大桥为主跨1 386 m的双塔双索面单跨简支板桁结合加劲梁悬索桥，是目前世界上最大跨径山区悬索桥。

乌海湖大桥

——我国首座悬浇大挑臂独柱矮塔斜拉桥及黄河中上游流域最宽桥梁

地点：内蒙古自治区　建成时间：2016 年

　　乌海湖大桥位于内蒙古自治区乌海市，横跨乌海湖水面、连接乌海市黄河两岸，于 2016 年建成。乌海湖大桥全长约 6 153 m，其中桥梁部分长 5 120 m，设计桥宽 37m，分为西引桥、主桥和东引桥三个部分。主桥设计桥型为六塔七跨矮塔斜拉桥，长 760 m，单跨 120 m；引桥为 40 m 预制梁。

　　乌海湖大桥是我国首座悬浇大挑臂独柱矮塔斜拉桥，箱梁宽度达到 37 m，也是当前黄河中上游流域最宽的桥梁。

宜宾金沙江公铁两用特大桥
——世界最大跨径公铁两用多体系组合桥梁

地点：四川省　建成时间：2017 年

　　成贵铁路跨越大渡河、金沙江、岷江，被称为"世界第一条山区高速铁路"，是国家实施新一轮西部大开发的标志性工程之一。宜宾金沙江公铁两用特大桥为成贵铁路乐山至贵阳段的重点控制性工程。

　　宜宾金沙江公铁两用特大桥全长 1 874.90 m，主桥采用钢箱拱结构，主跨 336 m。桥梁布置有铁路 4 线和公路双向 6 车道。

　　大桥包括钢箱平行拱桥和提篮式混凝土拱两种桥型，涵盖了上承拱、中承拱和下承拱 3 种拱结构，使用了钢箱梁、连续刚构、连续梁和简支梁 4 种梁体。多样化的桥型和复杂的环境使得施工难度极大。

　　桥梁在多方面创造了国际、国内纪录：主跨 336 m 为当时世界上公铁两用钢箱梁拱桥的最大跨径；铁路面在上、公路面在下的公铁两用拱桥布置属国际首例；铁路桥面距公路桥面高差达到 32 m，在公铁两用桥梁中属世界第一；公路桥面柔性吊杆穿过铁路桥面刚性吊杆的刚柔性吊杆结合的公铁两用钢箱梁拱桥，属国内首例。

□来源：马爱民　摄

鸭池河大桥
——世界最大跨径钢桁梁斜拉桥

地点：贵州省　建成时间：2017 年

　　鸭池河大桥为贵黔高速的控制性工程，位于乌江源百里画廊，跨越鸭池河。桥梁全长 1 450 m，主跨 800 m，为世界上已建成的最大跨径的钢桁梁斜拉桥。桥梁主塔采用 H 形索塔，贵阳岸塔高 243.2 m，黔西岸塔高 258.2 m。

　　鸭池河特大桥采用双塔双索面半漂浮混合梁斜拉桥，中跨为 800 m 钢桁梁结构，边跨为 220 m 预应力混凝土双边箱 PC 箱梁结构，是目前采用钢绞线斜拉索的最大跨径斜拉桥。桥址深切"U"形峡谷之中，地质条件复杂，风力可达到 8 级，桥面至水面高差 360 m，具有典型的山区大跨径桥梁"高、特、难、新"等特点。

□来源：道安 摄

桥梁施工受到地形、运输和工期等条件限制，常规的桥面吊机、浮吊、顶推及支架施工方法难以应用。因此，该桥采用缆索吊机悬臂拼装钢桁梁，这也是世界上首次将缆索吊机用于斜拉桥主梁安装施工。

鸭池河特大桥建设中还开展了重大山区峡谷桥梁施工技术创新与应用，包括索塔节段钢筋整体吊装施工技术、冬季高塔蒸养成套技术、350 t 大跨径缆索吊工程应用技术、钢桁梁组装与整体吊装联合施工技术以及连体挂篮悬臂与落地大钢管支架施工工艺等。该桥的建成为大跨径山区峡谷桥梁施工提供了经验与技术借鉴。

该桥获得国际桥梁大会古斯塔夫·林德撒尔奖。

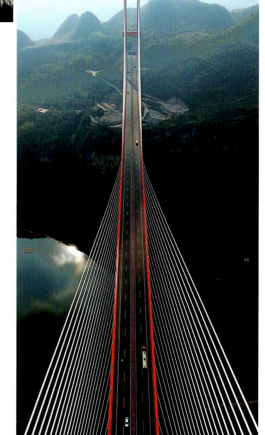

沙坡头悬索桥
——我国首座跨越黄河两岸的 3D 玻璃桥

地点：宁夏回族自治区　建成时间：2017 年

　　沙坡头悬索桥坐落在宁夏回族自治区中卫市的沙坡头景区，主跨 210 m，宽 2.6 m，大桥于 2004 年建成。2017 年，在沙坡头悬索桥的基础上，将木质桥面改造升级为四段三层双层夹胶 3D 玻璃，让人感受行走在黄河上空的惊险与刺激。该桥是我国首座跨越黄河两岸的 3D 玻璃桥。

□ 来源：新华社

港珠澳大桥工程
——世界最长跨海桥隧工程

地点：广东省、香港、澳门　建成时间：2018 年

□总平面图（来源：港珠澳大桥管理局官网）

　　港珠澳大桥，跨越伶仃洋，东接香港特别行政区，西接广东省珠海市和澳门特别行政区，实现珠海、澳门与香港的陆路连接。

　　港珠澳大桥是中国第一例集跨海桥梁、双人工岛、海底隧道为一体的跨海通道工程。工程于 2009 年开工，2018 年竣工，历时 10 年建成通车，是在"一国两制"下，三地成功创立的完整的大桥工程决策体系，对未来粤港澳大湾区整体基础设施建设是极为宝贵的财富。大桥工程全长 55 km，是当今世界上最长、规模最大的跨海桥隧工程，被英国《卫报》誉为"新的世界七大奇迹"之一。

　　港珠澳大桥工程路线经过伶仃洋海域中最繁忙的主航道，全部采用大跨径桥梁跨越时必然出现高耸桥塔，这是临近的香港国际机场无法接受的。因此，工程不得不采取跨海桥梁与海底隧道相结合的建设方式。

　　港珠澳大桥工程面临诸多环境、技术、管理等难题：

　　一是近海离岸海洋环境下的设计与施工风险高，包括气象条件恶劣、台风多、风力大：桥位区热带

气旋影响十分频繁，最多时 1999 年达 6 个，桥区重现期 120 年 10 分钟平均风速达 48.7 m/s；水文条件复杂，水动力条件差，行洪、纳潮、防淤要求严：为降低大桥建设对珠江口水利防洪影响，要求大桥阻水比控制在 10% 以内，并将非通航孔桥承台全部埋入海床面以下；上航线密集，船多而杂，船行密度大，远期代表船型为 15 万吨集装箱船和 30 万吨级油轮；高温、高湿、高盐的腐蚀环境。

二是深水深槽、基槽突淤、大径流条件下的海底隧道沉管管节安装风险高。

三是厚软基、变化大（厚度 0~30 m）的地质条件下沉管地基处理难度高。

四是工程所在及附近海域有较多的环境敏感区，其中以珠江口中华白海豚国家级自然保护区最为敏感。大桥线位穿过了珠江口中华白海豚保护区的核心区、缓冲区、试验区，需采取切实有效的环保措施。

五是两岸机场航空限高对工程建设影响大。

六是建设标准高。公路等级：双向六车道高速公路，100 km/h；设计寿命：120 年；建筑限界：桥面标准宽度 33.1 m，隧道单洞净宽 14.25 m，净高 5.1 m；地震设防标准：地震基本烈度为 7 度。桥梁采用如下抗震设防标准（重现期）：工作状态 120 年；极限状态：通航孔桥 1 200 年、非通航孔桥 600 年；结构完整性状态 2 400 年；抗风设计标准：运营阶段设计重现期 120 年；通航标准：满足 30 万吨油轮通行。

港珠澳大桥前期策划经历 5 年多的认识不断深化、思维不断提升过程。建设目标为国家品牌工程、中国桥梁名片、桥梁强国的里程碑及标志性工程、世界级跨海通道。

港珠澳大桥采用"四化"理念进行建设。大型化：采用大型的施工船舶，大吨位的重型施工装备，大尺度的桥梁、隧道构件。比如世界上少见的人工岛围水用 22 m 直径、600 t 的钢圆筒，沉管隧道管节长度达 180 m，质量近 8 万吨；工厂化：将现场施工转化为工厂化制造，减少现场的作业时间和工作量，也有利于环境保护；标准化：对桥梁构件和隧道构件等采用标准化的现代生产流水线来生产管理，从根本上保证工程质量，同时也有效控制成本和工期；装配化：把工厂预制和生产的构件采用大型的装备在现场进行装配化安装，大大缩短海上作业时间。

港珠澳大桥采用最先进的理念进行设计，包括战略性、创新性、功能性、安全性、环保性、文化性和景观性，代表着当今世界桥梁工程建设的最高水准。景观设计理念：从桥梁文化上体现了"珠联璧合"，不仅是三地在地理坐标系上的珠联璧合，更是三地携手共同建桥的愿望的珠联璧合；通航孔桥景观设计元素与理念：扬帆（海洋文化）、海豚（生态保护）、中国结（中国传统文化元素）。

港珠澳大桥主桥为三座大跨度钢结构斜拉桥，每座主桥均有独特的艺术构思。青州航道桥塔顶结型撑吸收"中国结"文化元素，造型采用"曲线化"设计，使桥塔显得纤巧灵动、精致优雅。江海直达船航道桥主塔塔冠造型取自"白海豚"元素，与海豚保护区的海洋文化相结合。九洲航道桥主塔造型取自"风帆"，寓意"扬帆起航"，与江海直达船航道塔身形成序列化造型效果，桥塔整体造型优美、亲和力强，具有强烈的地标韵味。东西人工岛汲取"蚝贝"元素，寓意珠海横琴岛盛产蚝贝。香港口岸的整体设计富于创新，且美观、符合能源效益。旅检大楼采用波浪形的顶篷设计，为支撑顶篷，大楼的支柱呈树状，下方为圆锥形，上方为枝权状展开。最靠近珠海市的收费站设计成弧形，前面是一根钢柱，后面有几根钢索拉住，就像一个巨大的锚。大桥水上和水下部分的高差近 100 m，既有横向曲线又有纵向高低，整

□海中沉管隧道：全长6 704 m，沉管段长5 664 m，共分33节，每节180 m，宽37.95 m，高11.4 m，单节重约7.4万吨，最大沉放水深近50 m。

体如一条丝带一样纤细轻盈，把多个节点串起来，寓意"珠联璧合"。

港珠澳大桥海底隧道海底部分约5 664 m，由33节巨型沉管和1个合龙段最终接头组成，是我国第一条外海沉管隧道，也是迄今为止世界最长、埋入海底最深、单个沉管体量最大、使用寿命最长、隧道车道最多、综合技术难度最高的沉管隧道。沉管隧道采用中国自主研制的半刚性结构沉管隧道，具有低水化热低收缩的沉管施工混凝土配合比，提高了混凝土的抗裂性能，从而使沉管混凝土不出现裂缝，并满足隧道120年内不漏水要求。

港珠澳大桥针对低阻水率、水陆空立体交通线互不干扰、环境保护以及行车安全等苛刻要求，采用了"桥、岛、隧三位一体"的建筑形式。工程全线呈S形曲线，既缓解司机驾驶疲劳，又减少桥墩阻水率，还提升建筑美观度。

港珠澳大桥供电系统搭配了先进的无人值守"MMJ"电缆头熔接技术，不仅解决了电缆沟空间受限等问题，而且具有低电阻、高强度的特点，可经受故障电流冲击和长期大电流运行的优势，降低运行风险。桥面护栏采用四横梁结构的金属梁柱式护栏，防护能力达到520 kJ，具备车辆以15°、80 km/h速度撞击而不坠海的防护能力。海底隧道配置了先进的防火系统，包括主动和被动两种方式，涵盖火灾报警系统、消防设备联动控制系统、消防灭火系统、隧道通风排烟系统、救援与疏散系统、供水管网设施和其他配套系统。桥梁抗震采用中国自主研制的长宽1.77 m、由多层新型高阻尼橡胶和钢板交替叠置结合而成的隔震支座系统，沉管隧道管内布放有减震钢索以增强沉管柔性，以免在地震时沉管位移和滞回

□来源：港珠澳大桥管理局

损坏管节。桥梁搭配基于 AIS 的船只防撞预警系统，预警性能比传统的 VTS 系统更优越。

港珠澳大桥主要技术创新：现代桥梁地标性建筑景观设计；大直径钢管复合桩技术；埋床法全预制承台设计与施工技术；全预制墩身干接缝拼装及大直径预应力粗钢筋技术；超大尺度箱梁的制作、运输和安装技术；钢塔整体制造与安装技术；超大规模钢桥面铺装体系及质量管理；全自动、全覆盖的钢箱梁管养装备新技术；120 年设计使用寿命保障技术；桥梁减隔震设计技术与性能优化；组合梁设计施工新技术。

港珠澳大桥工程建成对区域交通、经济、社会产生重大而积极的影响；建设理念将引领中国桥梁及交通建设领域的工业化革命，是中国迈向桥梁强国的里程碑项目；大桥工程实践证明，在合适的管理思想、建设理念和资源禀赋支持下，中国可以做成世界上最好的工程，为人类文明做出与这个国家悠久历史和灿烂文化相匹配的贡献。

中国早已成为世界桥梁大国，港珠澳大桥的建成成为我国从桥梁大国走向桥梁强国的重要标志。

青州航道桥：

青州航道桥为双塔空间双索面钢箱梁斜拉桥，桥跨为 110 m+236 m+458 m+236 m+110 m。索塔采用横向 H 形框架，塔柱为钢筋混凝土构件，总高 163 m；联结系采用钢结构，"中国结"造型。

□青州桥（中国结）（来源：港珠澳大桥管理局）

江海直到船航道桥：

大桥采用中央单索面三塔钢箱梁斜拉桥，桥跨布置为 110 m+129 m+258 m+258 m+129 m+110 m，索塔为"海豚"形全钢结构，高度约 110m，采用工厂预制、整体吊装。

□江海桥（海豚塔）（来源：黄昆震 摄）

九洲航道桥：

大桥采用双塔单索面钢 - 混组合梁斜拉桥，桥跨布置为 85 m+127.5 m+268 m+127.5 m+85 m，主跨桥面标准宽度为 36.8 m，主塔采用钢 - 混结构，"风帆"造型，斜拉索采用竖琴形布置。

□九洲桥（风帆塔）（来源：港珠澳大桥管理局）

深水区 110 m 等跨非通航孔钢箱梁桥：

海中深水区非通航孔桥采用 110 m 等跨钢箱连续梁桥，全长约 14 km。单墩整幅梁，箱梁整孔安装，预制混凝土墩台，海上吊装，钢管复合桩基础。

浅水区 85 m 等跨非通航孔桥：

近珠海岸浅水区非通航孔桥采用 85 m 等跨组合连续梁桥，长约 6 km。单墩双幅梁，混凝土桥面板与钢箱一起整孔安装，预制混凝土墩台，海上安装，钢管复合桩基础。

□深水区110 m等跨非通航孔钢箱梁桥

□浅水区85 m等跨非通航孔桥

海中离岸人工岛：

为实现桥隧转换，隧道东西两侧各设 10 万 m² 离岸人工岛，岛长 625 m，宽约 225 m。西岛为养护管理功能，东岛兼旅游功能。

□东人工岛（来源：港珠澳大桥管理局）

□西人工岛（来源：港珠澳大桥管理局）

兴康特大桥
——川藏第一桥

地点：四川省　建成时间：2018 年

　　兴康特大桥原名泸定大渡河大桥，位于四川省甘孜藏族自治州泸定县境内大渡河之上，为川藏高速公路的控制性工程，是建设在高海拔、高地震烈度带、复杂风场及温度场环境下的超大跨径钢桁梁悬索桥，被誉为"川藏第一桥"。

　　兴康特大桥位于大渡河深切峡谷区。该地区属于构造剥蚀中高山地貌，止处于四川盆地全青藏高原爬升段。两岸陡峭边坡及其稳定性问题制约桥位选择。大桥地处泸定断裂带和鲜水河断裂带之间，地震活动频繁，抗震要求极高（设计地震烈度为 9 度）。桥梁所在峡谷为典型干热河谷气候，峡底和谷顶温差以及桥位昼夜温差大，风场影响因素多，对桥梁的抗疲劳设计要求高，施工安全风险也很大。

□来源：江宏景　摄

兴康特大桥为主跨 1 100 m 的单跨双铰钢桁 - 混凝土板结合加劲梁悬索桥。针对特殊的环境条件，兴康特大桥采用钢筋混凝土叠合梁桥道系，主梁为钢桁加劲梁；雅安岸采用隧道锚，康定岸采用重力锚。两岸主塔采用门型结构，钢筋 - 混凝土塔柱、波形钢腹板 PC 组合横梁、群桩基础；两岸桥塔处各设 1 对竖直向支座、2 对横向抗风支座和 1 对纵向阻尼装置。基于延性抗震设计理念，大桥采用铰接式耗能型中央扣，并首次将防屈曲钢支撑用作中央扣杆件，防屈曲钢支撑的两端以铰接形式与缆、梁连接，只承受轴向力而不产生弯矩。桥面护栏采用可减少风阻力的多绳索形式，钢结构桥面下部采用波浪形设计，以起到通风减阻的作用。

兴康特大桥建成通车不仅是弘扬"两路精神"，攻坚克难，实现古老大渡河上史无前例的千米级桥梁的跨越，更是弘扬"工匠精神"，精益求精，建造超级工程能力的跨越。

兴康特大桥在技术和材料创新、美学价值、环境保护以及社会效应等方面取得了杰出成就，因而被国际桥梁大会授予古斯塔夫·林德撒尔金奖。

新白沙沱长江特大桥

——世界首座双层六线铁路钢桁梁斜拉桥

地点：重庆市　建成时间：2018 年

　　1960 年建成的白沙沱长江特大桥因不能满足铁路发展需要，故于 2018 年在该桥旁建成了新白沙沱长江大桥，原有白沙沱长江大桥则退出服役。

　　新白沙沱长江大桥在原有的白沙沱长江大桥下游 100 m，上层为四线铁路客运专线，设计时速 200 km；下层是双线货车线，设计时速 120 km。大桥预留了小南海水利枢纽投入运营后库区 5 000 t 船舶通行净空、净高的要求，并能承受船舶的意外撞击。

　　新白沙沱长江大桥具有多线、大跨、重载、双层等明显特征，主要的技术特点如下：

　　(1)大桥采用双层桥面、六线铁路布置，为铁路桥梁首次采用，在世界上尚没有先例。

□新旧两条白沙沱长江特大桥

（2）大桥单点锚固索力达 1 500 t，超过了以往铁路斜拉桥的锚固索力，每延长米的恒载达 97.5 t，活载达 33.6 t，是世界上承受单位长度荷载最大的铁路斜拉桥。

（3）为了承受单点 1 500 t 的索力，采用了并置双索锚固整体双锚拉板 - 锚箱复合式索梁锚固结构。

（4）采用两片主桁矩形断面承受六线铁路荷载，避免了三片主桁受力分配复杂、制造安装难度大的缺点。

（5）采用了多重措施减轻桥梁二期恒载重量，以控制桥梁总体荷载，降低了主桥用钢量。

新白沙沱长江大桥是世界上首座六线铁路钢桁梁斜拉桥，也是世界上每延米活载荷量最大的钢桁梁斜拉桥，同时也是世界上首座双层铁路钢桁梁斜拉桥。

海文大桥
——中国首座跨越活动断层的跨海大桥

地点：海南省　建成时间：2019 年

　　海文大桥原称"铺前大桥"，于 2019 年建成通车。桥梁全长 5.597 km，其中跨海大桥长约 3.959 km，主桥为单塔双索面钢箱梁斜拉桥。海文大桥是国内首座跨越活动断层的跨海大桥，桥梁可抵抗 9 级地震和 17 级台风，其设计抗自然灾害级别为国内最高。

　　海文大桥主桥为两跨独塔钢箱梁斜拉桥，纵向采用半漂浮体系，桥塔墩处设置纵向粘滞阻尼器，墩顶设置竖向支座，桥塔墩及边墩横向均设置 E 形钢阻尼器。跨断层引桥为钢箱梁桥，文昌侧引桥为预应力混凝土箱梁桥，海口侧引桥为预应力混凝土箱梁桥。

　　海文大桥采用"文"字形桥塔，以"文"为设计灵感，对传统的倒 Y 形塔加以优化，造型稳重大气，寓意"文耀海天"。

□ 来源：海洋海南

南沙大桥

——继港珠澳大桥之后，珠江三角洲又一座世界级桥梁工程

地点：广东省　建成时间：2019 年

　　南沙大桥（原名虎门二桥）为连接广州市南沙区与东莞市沙田镇的跨海大桥，位于广东省珠江口狮子洋水域，西起珠江西岸广州市南沙区东涌镇，先后上跨大沙水道、番禺区海鸥岛和坭洲水道，东至珠江东岸东莞市沙田镇。南沙大桥是继港珠澳大桥之后，珠江三角洲又一座世界级桥梁工程。其中，坭洲水道桥采用双跨吊悬索桥，主跨 1 688 m、西边跨 658 m、东边跨 522 m，突出悬索桥的整体性，钢箱梁覆盖江面，桥型舒展，与周围环境浑然一体。从生态岛屿海鸥岛上看坭洲水道桥，双跨吊悬索桥比单跨吊悬索桥更具观赏性。大沙水道桥为单跨悬索桥，跨径 1 200 m，与坭洲水道桥同样采用天圆地方塔，体现刚柔相济、动静相宜和阴阳平衡的建筑思想。两座主桥轻盈飘逸、风格统一。

　　南沙大桥将世界级工程搬上流水线，实现全桥节段箱梁的装配化预制拼装施工；桥梁墩顶节段梁采用"空心式墩顶块"工艺，在工厂完成墩顶节段梁外壳预制，吊装至墩顶后再浇筑外壳填充部分的混凝土；主缆采用"拖轮分段牵引，江中平驳对接，绳索一次转换"技术实施先导索过江。

□来源：中国交通新闻网

　　南沙大桥在工程 BIM+ 应用模式、标准、平台等方面形成基于 BIM 项目管理体系；大桥全面启动中国国产盘条、主缆钢丝研究开发制造，并首次大规模实桥成功应用，突破了 1 960 MPa 钢丝和索股制造核心技术。

杨泗港长江大桥

——国内跨径第一、世界跨径第二悬索桥

地点：湖北省　建成时间：2019 年

　　杨泗港长江大桥位于武汉市白沙洲大桥和鹦鹉洲大桥之间，为双层公路悬索桥，一跨过江，跨度 1 700 m，是世界上工程规模最大的双层悬索桥，其悬索桥跨度在国内排名第一、世界排名第二。大桥于 2019 年建成。

　　为满足长远通行需求，杨泗港长江大桥设计为双层公路桥，充分考虑到快行、慢行、机动车、非机动车以及行人观光漫步的需求，是目前功能最全的跨江大桥。大桥上层设置 6 条快速汽车道，下层布置 4 条慢速车道。近期，考虑到市民过江需求，设置 2 条非机动车道，让电动车、摩托车、自行车分区通行。远期，下层也可改为 6 条机动车道。上下两层均有人行道，供市民观光、游览、慢跑。

为适应杨泗港长江大桥与鹦鹉洲长江大桥之间的江面长逾3 km的潜坝，大桥采用1 700 m一跨过江。通过研发，实现了国产钢丝满足长约2 850 m、由271根索股组成、单根索股又由91根直径6.2 mm的平行超高强度钢丝组成的主缆需要。

鹅公岩轨道交通专用桥
——世界最大跨径自锚式悬索桥

地点：重庆市　建成时间：2019 年

　　鹅公岩轨道交通专用桥位于鹅公岩长江大桥（公路桥）上游约 45 m 处，是主跨为 600 m 的五跨连续钢箱梁自锚式悬索桥，其跨度在世界轨道交通专用悬索大桥中居前列，同时也是世界上主跨跨径最大的自锚式悬索桥。

　　重庆鹅公岩轨道交通专用桥建造难点在于：一是超大型自锚式悬索桥形成方式选择；二是钢箱梁梁体刚度大，单节段质量大，标准节段最大质量达 410 t；三是老桥的防护难度大，新桥施工安全风险较大；四是施工条件复杂，需跨越南滨路、九滨路、成渝铁路、鹅公岩立交桥等。

　　自锚式悬索桥是一种不设重力式地锚，于加劲梁梁端锚固主缆，承受主缆端部的水平与竖向分力的悬索桥体系，与常规地锚式（重力式或隧道锚）悬索桥的区别在于不设地锚，同时作为主缆锚固构造的加劲梁承受来自主缆水平分力的较大轴向压力，因此不能采用常规的先架设主缆，再安装加劲梁的施工方法。

　　重庆鹅公岩轨道交通专用桥不但跨径世界最大，且采用"先斜拉、后悬索"的体系转换施工方法，即先以加劲梁作为主梁形成临时性斜拉桥，再同步安装吊索与拆除斜拉索，最终实现由斜拉桥向悬索桥的转换。"先斜拉、后悬索"方式建造超大跨自锚式悬索桥在世界上为首次，其施工工艺复杂、技术含量非常高。

中俄黑龙江大桥
——我国高纬度寒冷地区第一座钢混叠合梁矮塔斜拉桥

地点：黑龙江省　建成时间：在建

□来源：王建成　摄

　　中俄黑龙江大桥位于黑龙江省黑河市，于2016年12月开始建设，是我国高纬度寒冷地区第一座钢混叠合梁矮塔斜拉桥，由中俄双方合作完成设计、建造与运营管理。大桥全长1 283 m，连接中国黑龙江省黑河市和俄罗斯阿穆尔州布拉戈维申斯克市，为中俄合建首座跨境公路大桥。

　　大桥的桥型为六塔叠合梁矮塔斜拉桥，主跨147 m，施工方法为多点顶推施工。大桥设计充分体现了创新、绿色、环保、共享的理念，特点在于：桥跨比例协调，桥型新颖，富有现代感；主梁采用钢混叠合梁，能充分发挥钢材和混凝土两种材料的优势，节省材料用量；上部结构采用耐候钢，体现了环保理念；在我国寒冷地区首次采用钢筋混凝土扩头桩技术，减少了基础工程量，降低了工程造价；主桥墩身采用浮动式钢覆复合材料柔性防撞设施保护，保证航行船舶安全的同时又减少桥墩所受撞击力，增长桥梁的使用寿命；大桥基础及下部墩身采用冬季施工，利用天然冰道代替施工便桥，在春季流冰期前完成水下工程，避免了流冰对临时施工设施的破坏，有利于保证工期和防止钻渣污染江水水体；大桥上部结构钢梁采用多点顶推法施工，在岸上顶推平台完成钢梁的拼装及焊接，对船舶通航影响小，提高了钢梁的施工质量。

　　桥梁主要创新：开创跨境基础设施建设新模式；我国首次生产并使用Q420F级耐候钢，可抵抗零下60 ℃极寒低温；施工全程可追溯。

平潭海峡公铁两用大桥
——国内首座、世界最长公铁两用跨海大桥

地点：福建省　建成时间：在建

　　平潭海峡公铁两用大桥位于福建平潭岛北端，是福平铁路和常平高速公路跨越海峡的通道。大桥于2013年11月开工建设，2019年全部贯通。

　　大桥由西向东共跨越海坛海峡北口的四个岛屿和四条航运水道，其中跨越元洪、鼓屿门、大小练岛三条水道分别采用了主跨跨度532 m、364 m、336 m钢桁梁斜拉桥，北东口水道采用主跨跨度2×168 m的连续刚构桥；非通航水域深水区采用跨径80 m、88 m简支钢桁梁，浅水区及陆地高墩区引桥采用跨径49.2 m预应力混凝土梁桥，陆地低墩区引桥采用跨径40.7 m预应力混凝土梁桥。桥面按上、下两层布置，上层为公路桥面，下层为铁路桥面。跨海桥梁全长16.348 km，公铁合建段长度9.227 km。

□来源：新华社

平潭海峡公铁两用大桥是国内第一座公铁两用跨海大桥，也是世界上最长的公铁两用跨海大桥，是我国铁路桥梁建设由内陆江河迈向海洋的标志。主墩基础采用了目前国内桥梁最大的 4.5 m 直径钻孔桩。

桥梁所处海域为世界三大风口海域之一的平潭海峡，具有风大、浪高、水深、流急等特点，曾被视为"建桥禁区"。为降低施工安全风险，采取了工厂化、大型化、整孔架设安全等现代化高效施工措施。中铁大桥局研制的自航双臂架变幅式起重船"大桥海鸥号"提升高度达 110 m（约相当于 34 层楼高），质量达 3 600 t，系国内提升重量、高度最大的起重船。主航道斜拉桥的主梁采用两节间大节段全焊、整节段吊装，非通航孔桥 80 m、88 m 钢桁梁桥采用整孔全焊、整孔架设，是国内桥梁钢桁主梁制造及架设技术的又一大突破。

桥址处每年 6 级风以上多达 270 ～ 300 天，8 级风以上 117 ～ 125 天，通过在公路和铁路桥面设置风屏障，使大桥行车条件不低于陆地的同等条件。

沪通长江大桥
——世界最大跨径及首座超千米公铁两用斜拉桥

地点：江苏省　建成时间：在建

　　集国家铁路、城际铁路、高速公路"三位一体"的沪通长江大桥位于长江江苏南通和张家港段，桥梁全长 11.07 km，为通行四线铁路、六车高速公路的公铁两用大桥，将于 2020 年建成。

　　沪通长江大桥上层为公路，下层为铁路。主航道桥为两塔五跨斜拉桥，主跨 1 092 m，为世界上最大跨径的公铁两用斜拉桥，也是世界上首座超过千米跨度的公铁两用桥梁；主塔高 325 m，采用钻石形混凝土结构，约 100 层楼房高，为世界最高公铁两用斜拉桥主塔。主塔基础采用倒圆角的矩形沉井结构，其平面面积达 5 100 m²，相当于 12 个篮球场的面积之和，是世界上规模最大的桥梁沉井结构。沉井承担着桥梁的全部荷载，是名副其实的"定海神针"。

　　沪通长江大桥在新材料、新工艺方面大胆实践。采用了 Q500qE 级高强度桥梁结构钢和 2 000 MPa 斜拉索；主航道桥采用刚度大、行车性能优越的箱桁组合新型结构，体现了世界钢桥结构的发展方向；采用的伸缩量 2 000 mm 级的桥梁轨道温度调节器和伸缩装置为世界首次；首次采用了巨型沉井整体制造、浮运、定位新工艺以及主梁两节间全焊接、桥位整体吊装施工新工艺。副航道桥采用主跨 336 m 的刚性梁柔性拱桥结构，合龙精度控制在毫米级。

　　沪通长江大桥大吨位钢主梁节段达到 164 个，针对钢梁架设研制的 1 800 t 架梁吊机为世界首次制造，其吊重国内最大，在架梁过程中同步挂斜拉索，刷新内河桥梁钢结构吊装纪录。沪通长江大桥代表了世界桥梁建设最新技术，具有十分重要的意义。

淡江大桥
——全球最大跨径独塔斜拉桥

地点：台湾省　建成时间：在建

　　台湾淡江大桥，位于台湾省新北市，跨越台湾第三大河——淡水河河口。桥梁采用独塔不对称斜拉桥布置，用单座混凝土桅杆支撑920 m长度的主跨，包括公路、铁轨、自行车道以及钢制的人行平台。设计构想源自云门舞集的舞蹈，桥上光影的流动犹如阳光中的舞者，在夕阳下熠熠生辉，桥塔外形象征着双手合十的祈福，祈求台湾明天更美好。

　　该桥于2019年动工，计划于2024年建成，建成后将成为全球最大跨径独塔斜拉桥。

BRIDGES BY CHINA
70 YEARS
1949—2019

第七篇

走出国门与立足世界

引 言

　　自改革开放以来，中国全力推进国内桥梁建设发展，中国桥梁逐步从"中国制造"走向"中国创造"，实现了从桥梁产品到桥梁建造、从设计到咨询多方面走出国门，逐步实现从遵循国外的标准建国外的桥到采用中国的标准建国外的桥的转变。

　　2009 年 6 月建成的印尼泗马大桥是中国将自主知识产权技术输出国门的第一个大型桥梁项目。一直以来，国际上通行的建筑行业标准是美、英标准。虽然中国桥梁施工水平已经步入世界前列，但中国标准一直得不到国际认可。2005 年泗马大桥开工，中方通过沟通、验证，最终得到丹麦监理方同意，第一次真正实现了中国标准、中国规范、中国技术走出国门。泗马大桥的成功建设，使国际上认识到中国规范体系健全、自成系统，中国的设计方案完全满足要求。

　　2011 年，中国企业击败来自美国、英国等 5 家国际著名工程咨询公司，成功中标巴拿马运河第三大桥设计项目。该桥为主跨 530 m 混凝土斜拉桥，属同类桥梁跨径世界第一。

　　2013 年，美国旧金山新海湾大桥建成，它是世界同类钢结构桥梁中技术难度最高、跨度最大的单塔自锚抗震悬索钢桥。在中国产品"走出去"中，该桥钢结构制造最值得中国桥梁人骄傲。桥梁 4.5 万吨的钢塔、钢箱梁和主缆索股，在国内加工后海运至美国现场，拼装中 146.6 万个螺

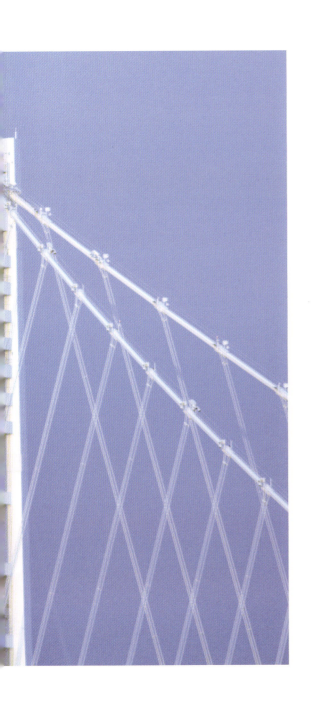

栓孔精准对接，分 8 节段加工制造的 160 m 高钢塔拼装精度误差达 1/2 500，远高于合同要求的 1/1 000，整个工程提前 5 个月完成。中方精湛的制造工艺得到业主方的高度认可。

2014 年，由中国企业建造的马来西亚槟城二桥，全长 22.5 km，是目前东南亚"最长的跨海大桥"。

2016 年，中国企业建成坦桑尼亚基甘博尼大桥，主桥为钢筋混凝土双塔单索面斜拉桥，是东非"最大斜拉式跨海大桥"。同年建成的摩洛哥穆罕默德六世大桥横跨布里格里格河谷，为非洲"最大规模斜拉桥"。

2018 年，挪威哈罗格兰德大桥的建成使得中国桥梁建设综合实力得到国际充分认可。在与来自美国、德国、丹麦、瑞士等国家的企业共同竞标中，中国企业中标该桥建造。中国建设者克服了北极圈地区冬季极端恶劣的风雪天气，按计划完成了哈罗格兰德大桥 92 根主缆索股的架设，并在仅有的 17 天允许海上作业的时间里完成了全部共 30 节钢箱梁的吊装任务，创造了欧洲桥梁工程的"中国速度"。

随着中国由桥梁大国迈入桥梁强国，特别是"一带一路"倡议的深化实施，中国的大桥正大踏步迈向世界。如今，"中国造"桥梁遍及亚洲、非洲、欧洲、美洲，中国建桥人奋战在世界各地，"中国造"桥梁正在成为一张亮丽的"中国名片"。

印度尼西亚泗水—马都拉大桥

——当时东南亚地区最大的跨海大桥

地点：印度尼西亚　建成时间：2009 年

泗水—马都拉大桥位于马都拉海峡，又称苏拉马都大桥或泗马大桥，于 2009 年建成。

泗马大桥总长 5 438 m，其中主桥为长 818 m 的斜拉桥，主跨 434 m，桥宽 30 m。泗马大桥是连接印尼经济最发达的爪哇岛和资源丰富但经济基础薄弱的马都拉岛的第一座跨海大桥，也是当时印尼乃至东南亚地区最大的跨海大桥。

20 世纪 90 年代初，印尼和日本专家曾就建设泗马大桥进行过可行性研究，但始终未能落实。由于中国在桥梁建设方面的实力不断增强、信誉良好，2004年印尼委托中国公司进行桥梁设计施工总承包，承建泗马大桥这一具有重大政治和经济意义的标志性工程。

泗马大桥是中国企业较早走出国去并取得成效的工程。桥梁从设计到施工，全部采用中国桥梁建设标准，这是中国桥梁建设首次走出国门，也是技术输出国门的第一个大型桥梁工程，不仅有力带动了中国技术输出，同时带动了国产材料和设备的出口，提高了中国桥梁技术在国外的影响力。

印尼最大的报纸之一《爪哇邮报》说，泗马大桥不仅是有形的、最负盛名的工程，而且将成为印尼与中国之间互惠互利双边关系的"桥梁"，将成为提高两国在各个领域合作关系的最好契机。

美国旧金山新海湾大桥

——中国精湛的桥梁结构制造工艺得到高度认可

地点：美国　建成时间：2013 年

　　新海湾大桥是连接旧金山、耶尔巴布埃纳岛以及奥克兰的桥梁，于 2013 年建成。新海湾大桥由东、西两段组成，其中东段桥为一座单塔自锚抗震悬索钢桥，是全球最大跨径的单塔自锚抗震悬索钢结构桥梁。该桥设计和制造难度堪称世界桥梁发展史之最：大桥主跨 565 m；单塔柱自重 1.3 万吨，支撑全桥质量 7 万吨；设计抗震 8 级；桥面宽 70 m，各项设计均为世界同类桥梁之首。新海湾大桥被称为可以和自由女神像媲美的新地标。

　　新海湾大桥东段桥竞标中，中国企业在与来自日本、韩国、西欧等发达国家企业的竞争中脱颖而出，承担了桥梁的"脊梁"——4.5 万吨的钢结构和全长 1 370 m 主缆的制造任务。新海湾大桥为世界同类

钢结构桥梁中技术及制造难度最大的桥梁。新海湾大桥看似有两根缆，其实为一根整索形成，这就要求全长 1 370 m 的索股在梁端鞍座处有 90 m 的弯曲形状，并将该段索股制成四边形。这种预弯、预成型在世界上属于首次，其索股制作精度要求极其严格。令人骄傲的是，中国企业完全按照可谓苛刻的质量要求完成制作与施工，没有吃过一张停工单。2010 年 9 月，高 160 m 的钢塔拼装完成，全塔 57 万多个螺旋和螺孔完美对接，拼装精度误差远远超过合同约定的 1/1 000，达到 1/2 500。2011 年 10 月，最后一段桥面钢箱梁吊装到位，桥面钢箱梁 89.6 万个螺旋螺孔全部准确对接，标志着中国企业以精湛的制造工艺全面完成钢结构制造任务。

新海湾大桥建造工程是中国制造业首次进军世界土建市场，一方面体现出了中国制造业的实力，另一方面对推动我国桥梁建造及各行业走向世界具有非常重要的意义。

□来源：蔡佳俊　摄

塞尔维亚泽蒙—博尔察大桥
——结束当地 70 年仅一座桥的历史，被称为"中国桥"

地点：塞尔维亚   建成时间：2014 年

　　塞尔维亚泽蒙—博尔察大桥位于塞尔维亚首府贝尔格莱德市北部，为城市快速路。大桥分为主桥、滩桥、北引桥及南引桥，主桥为 95 m+172 m+95 m 预应力混凝土连续箱梁，于 2014 年建成。

　　泽蒙—博尔察大桥是中国在欧洲修建的第一座大桥，它的建成结束了近 70 年来贝尔格莱德市多瑙河上仅有一座大桥的历史，被称为"中国桥"。

　　初始，当地人怀疑中国人是否能够建好大桥，随着项目的推进逐渐认可了中国企业的实力，最终竖起大拇指称赞中国桥梁建设了不起。泽蒙—博尔察大桥是中国的基建向中东欧展示的第一张名片。

　　建造泽蒙—博尔察大桥时遭遇 2012 年欧洲 30 年一遇的极寒天气，塞尔维亚全国进入紧急状态，躲避严寒成为当务之急。然而，中国工程人员依然在覆盖着厚厚冰层的多瑙河上昼夜奋战近一个月，确保了大桥建设工程进度。中国工程人员不畏艰险、只争朝夕的敬业精神，赢得了当地人民深深的敬意。

□ 来源：中国路桥

布里格里格河谷斜拉桥
——非洲最大斜拉桥

地点：摩洛哥王国　建成时间：2016 年

　　布里格里格河谷斜拉桥是非洲大陆建设的第一座现代化斜拉桥，也是当前非洲大陆最大跨径的斜拉桥。大桥设计独特，外形美观，线条流畅，主梁为钢混结构，主塔采用漂亮的钻石结构外形，由底部向上延伸呈弧形逐渐打开，至塔顶又合为一体，其造形具有"胜利之门""理想之门"的寓意。

　　布里格里格河谷斜拉桥全长 952 m，主跨 376 m，主梁采用叠合梁，主塔采用四肢分离式空间曲线型混凝土结构，在世界上同类的斜拉桥中跨径居世界第一。布里格里格河谷斜拉桥已经成了拉巴特的新地标，也是摩洛哥的地标性建筑。

□来源：人民网

马尔代夫中马友谊大桥

——中国方案、中国智慧在国外桥梁建设中的典范

地点：马尔代夫　建成时间：2018 年

    中马友谊大桥坐落于一片开敞海域，周围几无遮掩，水深达 52 m，20 年一遇波高超过 3 m，涌浪周期达 14 s。海底则是复杂的珊瑚礁地质，具有软硬不均、多空隙和脆性大的特点，而且还存在陡峭的倾斜岩面。桥梁设计施工难度非常大。

    中马友谊大桥主桥采用 V 形墩顶空腹刚构造型，V 形墩空腹部分采用扇形孔洞设计，弱化了视觉体量，犹如三颗徐徐打开的海贝，向大海、向天空、向人类展示其最美的精华，让群岛生气勃勃，恰到好

□来源：中国交通报

□来源：百度百科

处地呼应了"海贝"主题元素，体现了当地浓郁的伊斯兰建筑风格。桥梁整体造型线条舒展优美，如翻腾的海浪，与当地自然环境高度契合。主跨梁体下部的弧形线条，就像舒展飘动的舞带，寓意马尔代夫正踏着跳动的舞步，展示出向上的勃勃生机。

针对大桥特点，设计中采用大直径群桩基础、V形墩顶空腹三角区段混凝土结构以及上部主梁叠合混合梁结构等工艺。三角区段混凝土结构，无需船机精确定位吊装作业，有效地避免了大构件吊装与精确定位，降低了施工作业风险；跨中区段采用叠合梁方案能大幅减轻结构自重，使结构受力更为合理，有效避免了大跨径预应力混凝土刚构桥的通病；叠合梁段"化整为零"的小节段预制吊装方案，合理解决了长周期波作用下结构吊装问题。

中马友谊大桥建设中克服了诸多前所未有的困难与挑战，包括施工条件、海洋涌浪、国际机场对施工的制约等。

中马友谊大桥的命名由中马两国元首共同商定，是践行"一带一路"倡议的重点工程。建设者面对恶劣海况和各种困难，仅用33个月完成桥梁建设，充分体现了中国的担当精神。

海纳百川，有容乃大。中国建设者践行"和而不同、兼收并蓄"的文明交流理念，针对外籍员工在宗教信仰、文化习俗等多方面的不同，项目建设中以人性化管理彰显平等、尊重、包容和友好，在共建"一带一路"的过程中展现了中国桥梁人的风采。

中马友谊大桥寄托了中马两国人民友好交往源远流长、马尔代夫经济腾飞的希望，也承载了中国桥梁人的美好愿望。中马友谊大桥不仅让当地共享了中国方案、中国智慧，更促进了参建各方互利共赢。

莫桑比克马普托大桥
——非洲主跨径最大的悬索桥

地点：莫桑比克   建成时间：2018 年

□ 来源：新华社

马普托大桥位于莫桑比克首都马普托，横跨马普托湾，于 2012 年 9 月动工，2018 年 11 月竣工。马普托大桥总长超过 3 km，主跨 680 m，为非洲主跨径最大的悬索桥。该项目在建设期间累计为当地创造了近 4 000 个就业岗位、培养各类技术工人 5 000 余人，成为莫桑比克培养本土产业工人的学校。

□ 来源：聂祖国 摄

巴拿马运河三桥
——世界最大跨径的混凝土斜拉桥之一

地点：巴拿马　建成时间：2019 年

巴拿马运河三桥是巴拿马运河上大西洋侧的第一座大桥。2011 年，中国公司在击败来自美国、英国等 5 家国际著名工程咨询公司后成功中标巴拿马运河第三大桥设计项目。

巴拿马运河三桥主桥为 79 m+181 m+530 m+181 m+79 m 五跨连续混凝土梁斜拉桥，双索面、边跨设置 1 个辅助墩和 1 个过渡墩，是世界上最大跨径的混凝土斜拉桥之一。2012 年，中国公司又中标其施工阶段技术服务及施工监理。

巴拿马运河三桥是我国勘察设计行业通过参加国际公开设计竞标首次中标的大型桥梁工程项目。

□巴拿马运河三桥（来源：中新网）

□巴拿马运河三桥（来源：中新网）

2018 年，中国企业又承担了巴拿马运河四桥建设任务。该桥为公路铁路两用斜拉桥，主跨达 510 m，因其特殊的地理位置和较高的技术难度而成为众多国际知名公司追逐的重要项目。

□巴拿马运河四桥

BRIDGES BY CHINA
70 YEARS
1949—2019

第八篇

过去回眸与未来展望

一、回眸过去

中国是一个拥有悠久文明史的伟大国家，历史上曾经建造了大量桥梁，至今已经 1 400 多年的赵州桥就是古代中国桥梁最杰出的代表。但近代中国的桥梁在建设数量、技术和水平上都落后于世界发达国家。1937 年建成的钱塘江大桥是第一座由中国工程师主持建设的近代大跨径桥梁，其总体水平仍落后于世界发达国家。1949 年中华人民共和国成立后，在苏联的帮助下修建了武汉长江大桥，并引进了当时的先进桥梁技术，之后我国又自主建成了南京长江大桥。受材料、装备、技术和人才等条件的制约，我国虽然建成了一大批常规中小桥梁，但建造水平尤其是在大跨径桥梁建造方面，仍处于全面落后状态。20 世纪 80 年代以来，中国社会进入了全新的发展阶段，中国桥梁也随之迎来了快速发展的黄金时期。在几代桥梁人的努力下，我国桥梁实现了跨越式的发展。从新中国成立时的桥梁修复、国外经验借鉴与桥梁发展基础奠定，到因经济困难而就地取材与创新技术促进桥梁发展；从学习国外先进技术、追赶国际上桥梁发展进程实现桥梁崛起，再到跟踪桥梁建设国际水平、提高本国桥梁国际影响力与成为世界桥梁大国，最终实现了桥梁技术的全面突破并逐步成为世界桥梁强国目标。

新中国成立时，中国的桥梁数量极少，标准极低，状态极差。随着经济建设的需要，在国家的重视与支持下，桥梁建设得到了发展，但直到改革开放前，中国桥梁总数仅约 12 万座。改革开放不但为国家发展与民族振兴带来了希望，也为我国桥梁事业快速发展创造了条件，中国桥梁发展支撑了国家经济发展，国家经济发展又促进了桥梁建设水平的提高。

以长江为例，新中国成立后，从长江无桥到现在的 171 座桥梁跨越长江，其中的 85%（146 座）为改革开放后建成，实现了长江天堑变通途；而黄河桥梁达到 201 座，其中的 73%（146 座）为改革开放后建成。重庆市主城区在新中国成立之初无一桥跨越长江或嘉陵江，直到 1966 年才建成第一座桥梁——重庆牛角沱嘉陵江大桥。该桥系重庆人克服苏联专家撤离、经济落后等造成的各种艰难困苦，历时 8 年才建成的。改革开放后的 1980 年，重庆主城第一座跨长江大桥——主跨 174 m 的重庆长江大桥（目前仍保持世界同类桥梁跨径第一）建成。之后，重庆主城桥梁建设出现跨越式发展，在进入新世纪的前 10 年，曾出现 5 座世界级桥梁在重庆两江同时建设的令人难以置信的场面。到目前为止，重庆主城区已建成公路、轨道、公轨两用、铁路等桥梁 40 余座，其中朝天门大桥、长江大桥复线桥至今仍保持着世界最大跨径拱桥和梁桥纪录。重庆因为桥梁数量众多（总数超过 14 000 座、跨江桥梁超过 100 座）、形式多样、建造困难、特色鲜明、影响深远而被称为"桥都"。改革开放后，武汉建成了跨越长江和汉江的桥梁近 20 座，而 400 km 苏沪长江段上已建、在建千米级跨江桥梁达到 7 座。从全国来看，在经过现代桥梁技术的奠基、跨越长江桥梁"战役"千米跨径桥梁建设、跨海湾海峡桥梁建设以及西部山区跨峡谷沟壑桥梁建设代表性阶段后，截至 2018 年，公路、铁路、城市道路等桥梁总数超过 110 万座，远超之前世界上拥有桥梁最多的美国的 65 万座。中国桥梁不但数量世界领先，在桥梁跨径这一最重要的技术指标方面，也处于领先地位。世界各类大跨径桥梁绝大部分在中国，跨径居前 10 名的各类桥梁中，中国占了一半以上。

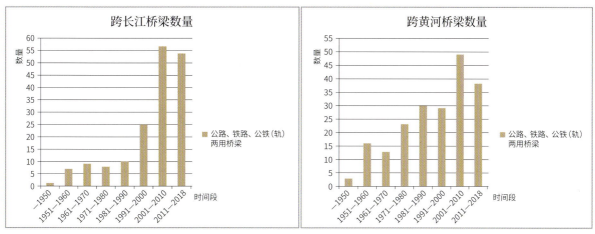

□图1　各阶段跨长江桥梁建设数量　　　　　　　□图2　各阶段跨黄河桥梁建设数量

1. 预应力混凝土梁式桥

世界上主跨大于 200 m 的预应力混凝土梁桥有 147 座，中国占 131 座。其中，主跨在世界排名前十的 17 座预应力混凝土梁桥中，中国占 11 座。

表1　主跨排名前十的预应力混凝土桥梁

桥型	排名	桥名	主跨 /m	建成年份
预应力混凝土梁式桥	1	中国重庆长江大桥复线桥	330	2006
	2	挪威斯托尔桑德特大桥	301	1998
	3	挪威拉大森德大桥	298	1998
		挪威桑达伊桥		2003
	4	中国贵州水盘高速北盘江大桥	290	2013
	5	中国广东虎门大桥辅航道桥	270	1997
		巴拉圭河桥		1979
	6	中国苏通大桥专用航道桥	268	2008
	7	中国云南元江大桥（昆磨高速）	265	2003
	8	中国重庆鱼洞长江大桥	260	2008
		中国福建宁德下白石大桥		2003
		澳大利亚门道桥		1985
		挪威瓦洛德新桥		1994
		中国浙江舟岱大桥北通航孔桥		在建
		中国浙江鱼山大桥		在建
	9	中国广东东江南大桥	256	2012
	10	中国四川汉源大树大渡河大桥	255	2009

2. 钢箱与钢桁梁桥

世界上主跨大于 200 m 的钢箱与钢桁梁桥有 44 座,中国占 7 座。其中,世界主跨排名前十的 10 座钢箱与钢桁梁桥中,中国占 6 座。

表2　主跨排名前十的钢箱与钢桁梁桥

桥型	排名	桥名	主跨 /m	建成年份
钢箱与钢桁梁桥	1	中国宁波三官堂大桥	465	在建
	2	巴西里约 - 尼泰罗伊大桥	300	1974
	3	塞尔维亚布兰科夫桥	261	1957
	4	德国 Zoobrücke 大桥	259	1966
	5	日本东京湾横断道路桥梁	240	1997
	6	中国福建福州道庆洲大桥	276	在建
	7	中国重庆曾家岩嘉陵江大桥	270	2019
	8	中国广东东江南大桥	264	2013
	9	中国云南元江大桥	249	在建
	10	中国成贵铁路菜坝岷江大桥	224	2017

3. 钢管混凝土拱桥

世界上主跨大于 200 m 的钢管混凝土拱桥有 46 座,中国占 46 座。其中,世界主跨排名前十的 10 座钢管混凝土拱桥中,中国占 10 座。

表3　主跨排名前十的钢管混凝土拱桥

桥型	排名	桥名	主跨 /m	建成年份
钢管混凝土拱桥	1	中国广西平南三桥	560	在建
	2	中国四川合江长江一桥	530	2013
	3	中国四川合江长江公路大桥	507	在建
	4	中国重庆巫山长江公路大桥	492	2005
	5	中国四川犍为岷江大桥	457.6	在建
	6	中国贵州大小井大桥	450	2019
	7	中国湖北支井河大桥	430	2009
	8	中国藏木雅鲁藏布江特大桥	430	2019
	9	中国贵州赵庄马岭河大桥	410	2019
	10	中国湖南益阳茅草街大桥	360	2006

4. 钢筋混凝土拱桥

世界上主跨大于 200 m 的钢筋混凝土拱桥有 43 座，中国占 23 座。其中，世界主跨排名前十的 10 座钢筋混凝土拱桥中，中国占 8 座。

表4　主跨排名前十的钢筋混凝土拱桥

桥型	排名	桥名	主跨 /m	建成年份
钢筋混凝土拱桥	1	中国沪昆高铁北盘江大桥	445	2016
	2	中国重庆万州长江大桥	420	1997
	3	中国云南丘北南盘江大桥	416	2016
	4	克罗地亚克尔克桥	390	1980
	5	西班牙阿尔蒙特铁路桥	384	2016
	6	中国贵州夜郎河大桥	370	2018
	7	中国四川昭化嘉陵江大桥	364	2012
	8	中国云南大瑞铁路澜沧江大桥	342	2018
	9	中国重庆郑万铁路梅溪河大桥	340	在建
	10	中国贵州江界河大桥	330	1995

5. 钢箱、钢桁拱桥

世界上主跨大于 200 m 的钢箱、钢桁拱桥有 118 座，中国占 86 座。其中，世界主跨排名前十的 11 座钢箱、钢桁拱桥中，中国占 6 座。

表5　主跨排名前十的钢箱、钢桁拱桥

桥型	排名	桥名	主跨 /m	建成年份
钢箱、钢桁拱桥	1	中国重庆朝天门长江大桥	552	2009
	2	中国上海卢浦大桥	550	2003
	3	中国湖北香溪长江大桥	519	2019
	4	美国新河谷桥	518	1977
	5	美国贝永桥	510.54	1931
	6	美国巴约讷大桥	504	1931
	7	澳大利亚悉尼港桥	503	1932
	8	中国云南怒江大桥	490	2019
	9	印度奇纳布桥	465	在建
	10	中国成贵铁路鸭池河大桥	436	2019
		中国广东明珠湾大桥		在建

6. 双塔双索面钢箱、钢桁、钢混结合与混合主梁斜拉桥

世界上主跨大于 300 m 的双塔双索面钢箱、钢桁、钢混结合与混合主梁斜拉桥有 236 座，中国占 180 座。其中，在世界主跨排名前十的 10 座双塔双索面钢箱、钢桁、钢混结合与混合主梁斜拉桥中，中国占 6 座。

表6 主跨排名前十的双塔双索面钢箱、钢桁、钢混结合与混合主梁斜拉桥

桥型	排名	桥名	主跨 /m	建成年份
双塔双索面钢箱、钢桁、钢混结合与混合主梁斜拉桥	1	俄罗斯岛大桥	1 104	2012
	2	中国沪通大桥	1 092	在建
	3	中国苏通长江公路大桥	1 088	2008
	4	中国香港昂船洲大桥	1 018	2009
	5	中国武汉青山长江大桥	938	在建
	6	中国湖北鄂东长江大桥	926	2010
	7	中国嘉鱼长江公路大桥	920	在建
	8	日本多多罗大桥	890	1999
	9	法国诺曼底大桥	856	1995
	10	美国戈尔迪·豪伊国际大桥	853	在建

7. 双塔双索面混凝土主梁斜拉桥

世界上主跨大于 300 m 的双塔双索面混凝土主梁斜拉桥有 83 座，中国占 55 座。其中，在世界主跨排名前十的 19 座双塔双索面混凝土主梁斜拉桥中，中国占 14 座。

表7 主跨排名前十的双塔双索面混凝土主梁斜拉桥

桥型	排名	桥名	主跨 /m	建成年份
双塔双索面混凝土主梁斜拉桥	1	挪威斯卡恩桑德桥	530	1991
		巴拿马运河大西洋大桥		在建
	2	中国荆州长江公路大桥北汊桥	500	2002
	3	中国鄂黄长江公路大桥	480	2002
	4	中国重庆奉节长江公路大桥	460	2005
		中国四川宜宾长江大桥		2008
		中国重庆长寿长江公路大桥		2009
		中国重庆忠县长江公路大桥		2009

续表

桥型	排名	桥名	主跨 /m	建成年份
双塔双索面混凝土主梁斜拉桥	5	中国重庆大佛寺长江大桥	450	2001
		中国重庆涪陵石板沟长江大桥		2009
		中国泸州纳溪河东长江大桥		在建
	6	西班牙卢纳巴里奥斯大桥	440	1983
		中国重庆李家沱长江大桥		1996
		中国内蒙古准格尔黄河大桥		2016
	7	中国贵州六冲河大桥	438	2013
	8	中国铜陵长江公路大桥	432	1995
	9	挪威海尔吉兰德桥	425	1991
	10	美国格林维尔桥	420	2010
		中国四川合江康博长江大桥		2013

8. 双塔单索面斜拉桥

世界上主跨大于 300 m 的双塔单索面斜拉桥有 55 座，中国占 37 座。其中，在世界主跨排名前十的 11 座双塔单索面斜拉桥中，中国占 7 座。

表8　主跨排名前十的双塔单索面斜拉桥

桥型	排名	桥名	主跨 /m	建成年份
双塔单索面斜拉桥	1	中国湖南湘潭杨梅洲大桥	658	在建
	2	马来西亚双溪柔佛大桥	500	2011
	3	韩国居金大桥	480	2011
	4	泰国拉玛九世桥	450	1987
	5	中国重庆东水门长江大桥	445	2014
	6	中国东海大桥主通航孔桥	420	2005
	7	法国伊洛瓦兹大桥	400	1994
		中国广州江门滨江大桥		2017
	8	中国宁波大榭第二大桥	392	2014
	9	中国广州江门江海大桥	380	2016
	10	中国广州番中大桥	365	2016

9. 多塔斜拉桥

世界上主跨大于 300 m 的多塔斜拉桥有 20 座，中国占 15 座。其中，在世界主跨排名前十的 11 座多塔斜拉桥中，中国占 7 座。

表9　主跨排名前十的多塔斜拉桥

桥型	排名	桥名	主跨 /m	建成年份
多塔斜拉桥	1	英国昆斯费里桥（3 塔）	650	2017
	2	中国武汉二七长江大桥（3 塔）	616	2011
	3	中国南京长江第五大桥（3 塔）	600	在建
	4	希腊里翁·安蒂里翁大桥（4 塔）	560	2004
	5	中国贵州平塘大桥（3 塔）	550	2019
		中国舟岱大桥主通航孔桥（3 塔）		在建
	6	中国香港汀九大桥（3 塔）	475	1998
	7	中国浙江嘉绍大桥（6 塔）	428	2013
	8	中国四川泸州长江六桥（3 塔）	425	在建
	9	法国米洛大桥（7 塔）	320	2004
	10	墨西哥梅斯卡拉桥（3 塔）	313	1993

10. 独塔、矮塔斜拉桥

世界上主跨大于 250 m 的独塔、矮塔斜拉桥有 50 座，中国占 36 座。其中，在世界主跨排名前十的 10 座独塔、矮塔斜拉桥中，中国占 4 座。

表10　主跨排名前十的独塔、矮塔斜拉桥

桥型	排名	桥名	主跨 /m	建成年份
独塔、矮塔斜拉桥	1	中国台湾淡江大桥	450	在建
	2	俄罗斯苏尔古特桥	408	2000
	3	中国济南黄河三桥	386	2008
	4	中国珠江黄埔大桥北汊桥	383	2008
	5	中国潮惠高速公路榕江大桥	380	2019
	6	塞尔维亚阿达桥	376	2012
	7	德国 Fleher 桥	368	1979
	8	美国玛格丽特亨特山桥	366	2012
	9	尼泊尔格尔纳利大桥	325	1994
	10	德国韦塞尔下莱茵大桥	335	2009

11. 钢箱、钢桁、钢混结合加劲梁悬索桥

世界上主跨大于 500 m 的钢箱、钢桁、钢混结合加劲梁悬索桥有 111 座，中国占 82 座。其中，在世界主跨排名前十的 10 座钢箱、钢桁、钢混结合加劲梁悬索桥中，中国占 5 座。

表11　主跨排名前十的钢箱、钢桁、钢混结合加劲梁悬索桥

桥型	排名	桥名	主跨 /m	建成年份
钢箱、钢桁、钢混结合加劲梁悬索桥	1	土耳其恰纳卡莱 1915 大桥	2 023	在建
	2	日本明石海峡大桥	1 991	1998
	3	中国南京第六长江大桥	1 760	在建
	4	中国武汉杨泗港长江大桥	1 700	2019
	5	中国虎门二桥坭洲水道桥	1 688	2019
	6	中国深中通道伶仃洋大桥	1 666	在建
	7	中国浙江西堠门大桥	1 650	2009
	8	丹麦大贝尔特桥	1 624	1998
	9	伊斯坦布尔奥斯曼加齐大桥	1 550	2016
	10	韩国光阳大桥	1 545	2013

12. 自锚式悬索桥

世界上主跨大于 300 m 的自锚式悬索桥有 12 座，中国占 8 座。其中，在世界主跨排名前十的 12 座自锚式悬索桥中，中国占 5 座。

表12　主跨排名前十的自锚式悬索桥

桥型	排名	桥名	主跨 /m	建成年份
自锚式悬索桥	1	中国重庆鹅公岩轨道专用桥	600	2019
	2	韩国 SOROK 桥	480	2009
	3	中国济南凤凰黄河大桥	428	在建
	4	中国河南桃花峪黄河公路大桥	406	2013
	5	美国旧金山奥克兰海湾新桥	385	2013
	6	中国浙江舟山小干二桥	370	2018
	7	中国广东平胜大桥	350	2006
	8	中国湖南长沙三汊矶湘江大桥	328	2006
	9	中国广东东莞港湾大桥	320	在建
	10	日本此花大桥	300	1990
		中国湖南枫溪大桥		2016
		韩国永宗大桥		2000

13. 组合体系桥

世界上主跨大于 200 m 的组合体系桥有 49 座，中国占 46 座。其中，在世界主跨排名前十的 10 座组合体系桥中，中国占 7 座。

表13　主跨排名前十的组合体系桥

桥型	排名	桥名	主跨 /m	建成年份
组合体系桥	1	亚武兹苏丹塞利姆大桥	1 408	2016
	2	马来西亚拿督斯里绍嘉纳桥 （斜拉－拱组合体系桥）	480	2009
	3	中国广州新光大桥 （钢桁拱－刚构组合桥）	428	2007
	4	中国重庆菜园坝长江大桥 （刚构－中承式钢箱系杆拱－钢桁梁组合桥）	420	2007
	5	中国广东洪奇沥水道大桥 （连续钢桁梁－拱组合桥）	360	在建
	6	中国沪通长江大桥天生港航道桥 （连续钢桁梁－拱组合桥）	336	在建
	7	中国湖北崔家营汉江大桥	300	在建
	8	中国湖北宜昌长江大桥 （刚构－拱组合桥）	275	2010
	9	德国哈姆铁路桥 （钢桁梁－拱组合桥）	250	1987
	10	中国广珠铁路虎跳门大桥 （刚构－钢管混凝土拱组合桥）	248	2012

14. 跨海桥梁

跨海桥梁建设已成为世界上新的热点。目前，世界长度排名前十的 10 座跨海桥梁工程中，中国占 6 座。

表14　主跨排名前十的跨海桥梁

桥型	排名	桥名	主跨 /km	建成年份
跨海桥梁	1	中国港珠澳大桥	55	2018
	2	中国胶州湾大桥	36.48	2011
	3	中国杭州湾跨海大桥	36	2008
	4	中国上海东海大桥（洋山港大桥）	32.5	2005

桥型	排名	桥名	主跨/km	建成年份
跨海桥梁	5	美国切萨皮克海湾桥	27.2	1964
	6	中国福建泉州湾跨海大桥	26.7	2015
	7	巴林、沙特法赫德国王大桥	25	1986
	8	中国舟山连岛工程金塘大桥	21.02	2009
	9	丹麦大贝尔桥	17.5	1998
	10	瑞典、丹麦厄尔松海峡大桥	16	2000

改革开放40余年来，中国在桥梁建设高速发展的同时，桥梁科学技术研究与开发也在同步进行，并取得了令世界瞩目的成就。

在山区峡谷桥梁方面，解决了地形地貌与地质条件复杂带来的系列问题，攻克了山区风作用下山区桥梁选型、山区桥梁施工、生态保护等工程技术难题。钢管混凝土拱桥跨径突破了500 m，矮塔斜拉桥、钢混组合桥等得到广泛应用，悬索、斜拉、拱桥和连续刚构等在山区都得到全面发展。

在大江大河桥梁方面，解决了摆动性河床桥位桥型选择，深河槽大跨径桥梁选型，超长桩基础建造，防流冰设计、抗风、抗震和船撞作用等技术难题。千米级多塔连跨、混合梁和叠合梁斜拉桥，三塔两跨、双层桥面、自锚式悬索桥，大跨径钢箱钢桁拱桥等成为常用桥梁建设方案。

在联岛跨海桥梁方面，解决了风-浪-流耦合作用、海工耐久混凝土、钢结构防腐、大型预制构件架设与安装、钢管复合桩、深水预制基础和下部结构施工等工程技术难题。桥梁设计使用寿命由100年向120年甚至更长时间发展。

在桥梁用材料方面，混凝土强度等级由以前的C40以下全面提升到C50~C80甚至更高，并普遍要求采用高性能混凝土。钢材高强度和低温韧性、耐腐蚀性、焊接性能、疲劳性能受到重视，桥梁用钢材强度已提升到500~700 MPa，高强钢丝抗拉强度已普遍提升，1 860 MPa、1 960 MPa、2 000 MPa钢丝已在使用。

在桥梁结构体系方面，400 m以上的多塔连跨斜拉桥、800 m以上的多塔连跨悬索桥、500 m以上的山区大跨钢管混凝土拱桥、800 m以上的双塔混合梁斜拉桥以及1 000 m以上的斜拉桥建造技术难关被攻克。

在桥梁作用（荷载）与设计方面，桥梁车辆通行、疲劳、温度及船撞等荷载标准与作用模型以及桥梁防灾减灾理论与方法研究成果丰硕，并在实践中得到应用；基于性能、风险评估和寿命周期管养策略的设计方法得到应用。

在桥梁施工技术与装备方面，大型、深水、预制基础，钢箱和钢桁架整孔架设、钢桁架主梁节段和混凝土箱梁节段施工，拱桥挂篮悬臂施工和斜拉桥分段架设等技术与装备全面掌握并实现国产化。桥梁钻孔桩直径超过4.5 m，桩长超过150 m；桥梁施工浮吊超过15 000 t，架桥机吊装能力接近2 000 t；

桥梁锚碇沉井规模达到 100 m×73 m×56 m，质量近 135 万吨。

在桥梁试验检测评估方面，环境、荷载等多因素作用耦合作用试验，抗风、抗震、疲劳和火灾等模拟技术，桥梁结构无损检测与监测技术，以及桥梁施工风险评估技术得到全面应用。

在桥梁养护改造与运营管理方面，预防性养护技术体系与方法、桥梁加固改造成套技术、桥梁运营监测与评估方法等取得突破。

在桥梁建设发展的同时，不断制定、完善桥梁工程建设标准。新中国成立时，中国没有桥梁工程建设标准。以桥梁设计为例，公路、铁路桥梁均在 20 世纪 50 年代初期基于苏联桥梁设计标准提出了中国的第一部设计标准，之后在不断完善设计理论与方法基础上，经过制定、修订，形成系统的我国桥梁设计标准。从允许应力法，到极限状态法，再到基于可靠度理论的极限状态法，桥梁设计方法不断更新。桥梁结构耐久性、桥梁使用寿命、桥梁全寿命周期成本最低等设计理念与目标已成为现代桥梁设计的重点。目前，中国已形成较为完善的公路、铁路及城市桥梁工程设计、施工、养护等技术标准体系，并实现了中国桥梁标准走出国门的目标。

新中国成立以来，桥梁工程技术在国家基础设施工程建设中始终占据着十分重要的地位。在国家及各级政府支持下，通过研究机构、高校和企业的不断研究开发，取得了包括超大跨径梁桥、拱桥、斜拉桥、悬索桥建造理论与技术，山区、江湖及海洋桥梁建设成套技术等在内的丰硕研究成果和建设经验，实现了桥梁设计理论及建造技术突破，建成了以苏通大桥、重庆长江大桥复线桥、重庆朝天门长江大桥、四川合江一桥、泰州大桥、港珠澳大桥等为代表的占世界同类大跨径桥绝大部分的结构新颖、技术复杂、设计施工难度大、现代化品位和科技含量高的长、大桥梁。特别是进入 21 世纪后，中国桥梁建设的迅猛发展及理论、技术创新，在世界上赢得了高度认可与评价，不断斩获国际大奖。

改革开放后，中国学者开始在国际上重要的学术机构，比如国际桥梁与结构工程协会(IABSE)担任协会委员、副主席等职务。而今，国际桥梁与结构工程协会主席由中国学者担任，充分说明随着桥梁建设发展中国桥梁人已在国际桥梁届占据应有的位置，具有了国际桥梁话语权。

桥梁建设同样促进了桥梁人才的发展。新中国成立至改革开放前，中国具有与桥梁相关的专业的高等学校只有几所。而今，全国数百所高校拥有与桥梁相关的专业，中国已成为世界上最大的桥梁相关人才培养高地。

二、未来发展

回眸过去，中国桥梁在规划、勘察、设计、施工、管养等方面均处于世界领先水平。展望未来，中国桥梁建设发展任重道远。

一是针对桥梁上山下海建设需要，研究发展适用复杂海况和山区特殊地质地形与气候条件的工程材料，以改善和提高工程材料的服役寿命和环境适宜性。针对超大海峡和山区大峡谷超长、超大跨径桥梁建设需求，研究发展轻质、超高强工程材料，包括 C80~C100 及以上的高性能混凝土、屈服强度

表15 中国桥梁获得国际大奖名单

序号	桥名	获奖时间	颁奖机构	奖项
1	苏通大桥	2013	国际咨询工程师联合会（FIDIC）	FIDIC百年重大土木工程项目杰出奖
2	天兴洲长江大桥	2013		FIDIC百年重大土木工程项目杰出奖
3	杭州湾大桥	2014		FIDIC百年重大土木工程项目杰出奖
4	泰州大桥	2014		FIDIC百年重大土木工程项目杰出奖
5	西堠门大桥	2015		FIDIC百年重大土木工程项目杰出奖
6	马鞍山长江大桥	2016		FIDIC百年重大土木工程项目杰出奖
7	甬江特大桥	2016		FIDIC百年重大土木工程项目杰出奖
8	嘉绍大桥	2017		FIDIC百年重大土木工程项目杰出奖
9	卢浦大桥	2008	国际桥梁与结构工程协会（IABSE）	杰出结构工程奖
10	苏通大桥	2010		杰出结构工程奖
11	昂船洲大桥	2011		杰出结构工程奖
12	西堠门大桥	2012		杰出结构工程奖
13	泰州大桥	2014		杰出结构工程奖
14	大胜关长江大桥	2015		杰出结构工程奖
15	矮寨大桥	2015	国际路联（IRF）	全球道路施工成就奖
16	五杨高架桥	2015		全球道路施工成就奖
17	嘉绍大桥	2016		全球道路设计成就奖
18	苏通大桥	2010	美国土木工程师学会（ASCE）	杰出工程成就奖
19	泰州大桥	2013	英国结构工程师学会（ICE）	卓越结构奖
20	苏通大桥	2010	国际结构混凝土协会（FIB）	混凝土结构杰出贡献奖
21	江阴长江大桥	2002	国际桥梁大会（IBC）	尤金·菲戈奖
22	卢浦大桥	2004		尤金·菲戈奖
23	天津大沽桥	2006		尤金·菲戈奖
24	南京长江第三大桥	2007		古斯塔夫·林德撒尔奖
25	苏通大桥	2008		乔治·理查德森奖
26	天兴洲长江大桥	2010		乔治·理查德森奖
27	西堠门大桥	2010		古斯塔夫·林德撒尔奖
28	胶州湾大桥	2013		乔治·理查德森奖
29	步行桥"南京眼"	2015		亚瑟·海顿奖
30	马鞍山长江大桥	2016		乔治·理查德森奖
31	嘉绍大桥	2016		古斯塔夫·林德撒尔奖
32	芜湖长江二桥	2018		乔治·理查德森奖
33	北盘江第一桥	2018		古斯塔夫·林德撒尔奖
34	鸭池河大桥	2018		古斯塔夫·林德撒尔奖
35	张家界大峡谷玻璃桥	2018		亚瑟·海顿奖
36	合江长江一桥	2019		乔治·理查德森奖
37	兴康特大桥	2019		古斯塔夫·林德撒尔奖

500~960 MPa 的大跨径桥用钢材，以适应 3 000~5 000 m 跨径桥梁需要。针对桥梁安全可靠性和灾害防御性需求，研究发展智能化工程材料，以解决桥梁关键构件或部位自感知、自控制、自修复等问题。针对上百万座桥梁的养护需要，研究发展低成本、长效耐久的桥梁维修、加固与防护材料。

二是研究发展超大跨越能力桥梁结构、深水大型基础，满足山区大峡谷桥梁、跨海公路铁路桥梁建设需要，进一步巩固提升我国长大桥梁建设国际竞争力。研究发展多功能、多层承载桥梁结构，适应城际和城市交通桥梁集约化建设需要，进一步研究发展装配化的桥梁结构。

三是持续进行桥梁作用（荷载）与设计研究，完善长大桥梁适宜综合交通体系下的组合交通荷载，用于寿命设计的耐久性作用、疲劳荷载研究，进一步完善桥梁抗风、抗震、抗地质灾害等减灾、防灾设计理论与方法，以及桥梁性能、能力和寿命统筹协调的设计理论与方法。

四是研发 70 m 以上深水基础施工、离岸深海和特殊地质地形条件下桥梁节段的施工技术及装备以及桥梁智能建造与管养技术及装备。

五是研究发展桥梁性能检测高精度、长寿命、智能化传感元件，服役桥梁材质状况无损检测技术及装备，以及桥梁长期监测技术、桥梁可靠性评估与使用寿命预测、桥梁减灾防灾能力鉴定技术体系与方法。

六是中国桥梁建设及管养任务繁重，仅以上海、江苏、浙江、安徽、江西、湖北、湖南、重庆、四川、云南、贵州等 11 省市的长江经济带发展规划来看，计划新建过江通道超过 100 座，其中绝大部分需要采用桥梁跨越。对于拥有超过 110 万座桥的桥梁大国而言，从桥梁建设与管养并重到以管养为主的时代逐步到来，桥梁管养任重道远。

附 录

中国部分大跨径桥梁索引

据不完全统计，中国在改革开放以来建成和在建的各类桥梁中，200 m 跨径以上的梁式桥 138 座；200 m 跨径以上的拱式桥 102 座，另有 5 座石拱桥跨径超过 100 m；300 m 跨径以上的斜拉桥 212 座；500 m 跨径以上的悬索桥 70 座；200 m 跨径以上的组合体系桥 27 座。

梁式桥（跨径 200 m 以上）

序号	桥名	地域	跨径 /m	桥梁结构形式	建成时间
预应力混凝土连续刚构桥及连续刚构与连续梁组合桥					
1	重庆长江大桥复线桥	重庆	330	钢混混合刚构－预应力混凝土连续梁 7 跨组合桥	2006
2	水盘高速北盘江大桥	贵州	290	预应力混凝土 5 跨空腹刚构桥	2013
3	虎门大桥辅助道桥	广东	270	预应力混凝土 3 跨连续刚构桥	1997
4	苏通长江大桥辅助航道桥	江苏	268	预应力混凝土 3 跨连续刚构桥	2008
5	红河（元江）大桥	云南	265	预应力混凝土 5 跨连续刚构桥	2003
6	下白石大桥	福建	2×260	预应力混凝土 4 跨连续刚构桥	2003
7	重庆鱼洞长江大桥	重庆	2×260	预应力混凝土 4 跨连续刚构桥	2011
8	鱼山大桥	浙江	260	钢混混合预应力混凝土连续 7 跨刚构桥	2018
9	舟岱大桥北通航孔桥	浙江	260	钢混混合预应力混凝土 3 跨连续刚构桥	2018
10	东江南大桥	广东	256	预应力混凝土 3 跨连续刚构桥	2012
11	汉源大树大渡河大桥	四川	255	预应力混凝土 3 跨连续刚构桥	2009
12	泸州长江二桥	四川	252	预应力混凝土 3 跨连续刚构桥	2000
13	江安长江大桥	四川	252	预应力混凝土 3 跨连续刚构桥	2007
14	重庆嘉华嘉陵江大桥	重庆	252	预应力混凝土 3 跨连续刚构桥	2007
15	重庆黄花园嘉陵江大桥	重庆	3×250	预应力混凝土连续 5 跨刚构桥	1999
16	重庆马鞍石嘉陵江大桥	重庆	3×250	预应力混凝土 5 跨连续刚构桥	2001
17	广州海心沙大桥	广州	250	预应力混凝土 3 跨连续刚构桥	2004
18	宜宾柏溪金沙江大桥	四川	249	预应力混凝土 3 跨连续刚构桥	2006
19	川黔高速公路赤水河大桥	四川	248	预应力混凝土 3 跨连续刚构桥	2012
20	黄石长江公路大桥	湖北	3×245	预应力混凝土 5 跨连续刚构桥	1995
21	重庆水土嘉陵江大桥	重庆	245	预应力混凝土 3 跨连续刚构桥	2010

续表

序号	桥名	地域	跨径/m	桥梁结构形式	建成时间
22	重庆礼嘉嘉陵江大桥	重庆	245	预应力混凝土梁拱组合5跨连续刚构桥	在建
23	江津长江公路大桥	重庆江津	240	预应力混凝土3跨连续刚构桥	1997
24	重庆高家花园嘉陵江大桥	重庆	240	预应力混凝土3跨连续刚构桥	2017
25	高家花园嘉陵江复线桥	重庆	240	预应力混凝土3跨连续刚构桥	2017
26	重庆长寿龙溪河大桥	重庆	240	预应力混凝土3跨连续刚构桥	2000
27	六广河大桥	贵州	240	预应力混凝土3跨连续刚构桥	2001
28	红水河罗天乐大桥	桂黔界	240	预应力混凝土3跨连续刚构桥	2010
29	龙河大桥	重庆	240	预应力混凝土3跨连续刚构桥	2013
30	河门口金沙江大桥	四川	240	预应力混凝土3跨连续刚构桥	在建
31	布柳河大桥	广西	235	预应力混凝土3跨连续刚构桥	2006
32	平寨大桥	贵州	3×235	预应力混凝土5跨连续刚构桥	2009
33	屏山岷江大桥	四川	235	预应力混凝土3跨连续刚构桥	2015
34	杭州下沙大桥	杭州	3×232	预应力混凝土5跨连续刚构桥	2002
35	合川白果渡嘉陵江大桥	重庆	230	预应力混凝土3跨连续刚构桥	2005
36	重庆培东嘉陵江大桥	重庆	230	预应力混凝土3跨连续刚构桥	2007
37	南宁葫芦鼎大桥	广西	230	预应力混凝土3跨连续刚构桥	2007
38	芙蓉江大桥	重庆	230	预应力混凝土3跨连续刚构桥	2009
39	新寨河大桥	贵州	2×230	预应力混凝土4跨连续刚构桥	2009
40	汤溪河大桥	重庆	230	预应力混凝土3跨连续刚构桥	2010
41	大水井金沙江大桥	四川	230	预应力混凝土3跨连续刚构桥	2014
42	龙青山金沙江大桥	四川	230	预应力混凝土3跨连续刚构桥	2014
43	三岔河大桥	贵州	3x230	预应力混凝土5跨连续刚构桥	2015
44	盐津河二桥	贵州	230	预应力混凝土3跨连续刚构桥	2015
45	芙蓉镇大桥	湖南	230	预应力混凝土3跨连续刚构桥	2017
46	洋水河大桥	贵州	230	预应力混凝土3跨连续刚构桥	2018
47	云川金沙江大桥	云南、四川	228	预应力混凝土3跨连续刚构桥	2015
48	虎跳河大桥	贵州	4×225	预应力混凝土6跨连续刚构桥	2008
49	法朗沟大桥	贵州	225	预应力混凝土3跨连续刚构桥	2015
50	东阳嘉陵江大桥	重庆	220	预应力混凝土3跨连续刚构桥	2002

续表

序号	桥名	地域	跨径/m	桥梁结构形式	建成时间
51	东营黄河大桥	山东	220	预应力混凝土3跨连续刚构桥	2005
52	南盘江大桥	云南	220	预应力混凝土3跨连续刚构桥	2005
53	庙子坪岷江大桥	四川	220	预应力混凝土3跨连续刚构桥	2007
54	小湾新漭街大桥	云南	220	预应力混凝土3跨连续刚构桥	2008
55	茅台大桥	贵州	220	预应力混凝土3跨连续刚构桥	2009
56	猴子河大桥	贵州	220	预应力混凝土3跨连续刚构桥	2010
57	石门坎大桥	贵州	220	预应力混凝土3跨连续刚构桥	2011
58	宜宾天池金沙江大桥	四川	220	预应力混凝土3跨连续刚构桥	2011
59	贞丰北盘江大桥	贵州	2×220	预应力混凝土4跨连续刚构桥	2013
60	腾龙峡乌江大桥	贵州	220	预应力混凝土3跨连续刚构桥	2013
61	红岩溪大桥	湖南	220	预应力混凝土3跨连续刚构桥	2016
62	凯峡河大桥	贵州	220	预应力混凝土3跨连续刚构桥	2015
63	龙驹大桥	重庆	220	预应力混凝土3跨连续刚构桥	2017
64	两河口大桥	四川	220	预应力混凝土3跨连续刚构桥	在建
65	蓬安嘉陵江大桥	四川	220	预应力混凝土3跨连续刚构桥	在建
66	金塘大桥东通航孔桥	浙江	216	预应力混凝土3跨连续刚构桥	2009
67	南龙铁路闽江大桥	福建	216	预应力混凝土3跨连续刚构桥	在建
68	合福铁路联络线闽江大桥	安徽	216	预应力混凝土3跨连续刚构桥	在建
69	阿墨江大桥	云南	216	预应力混凝土3跨连续刚构桥	在建
70	者告河大桥	贵州	215	预应力混凝土4跨连续刚构桥	2012
71	犍为岷江二桥	四川	215	预应力混凝土3跨连续刚构桥	2018
72	济南黄河第二大桥	山东	210	预应力混凝土3跨连续刚构桥	1999
73	河耳沟大桥	重庆	210	预应力混凝土3跨连续刚构桥	2004
74	韩家店1号桥	重庆	210	预应力混凝土3跨连续刚构桥	2005
75	长河坝大渡河大桥	四川	210	预应力混凝土3跨连续刚构桥	2014
76	沱江大桥	四川	210	预应力混凝土3跨连续刚构桥	2012
77	永胜大桥	广东	206	预应力混凝土3跨连续刚构桥	2010
78	大河边大桥	贵州	205	预应力混凝土3跨连续刚构桥	2009
79	金厂岭澜沧江大桥	云南	200	预应力混凝土3跨连续刚构桥	2002
80	广州新龙大桥	广东	200	预应力混凝土3跨连续刚构桥	2004

续表

序号	桥名	地域	跨径/m	桥梁结构形式	建成时间
81	刘家山大桥	贵州	200	预应力混凝土3跨连续刚构桥	2005
82	徐水沟大桥	陕西	2×200	预应力混凝土4跨连续刚构桥	2005
83	合江涪江三桥	重庆	200	预应力混凝土3跨连续刚构桥	2005
84	凯里大桥	贵州	2×200	预应力混凝土4跨连续刚构桥	2006
85	淳安小金山大桥	浙江	200	预应力混凝土3跨连续刚构桥	2007
86	杨家岭大桥	重庆	200	预应力混凝土3跨连续刚构桥	2007
87	贵遵高速乌江大桥	贵州	2×200	预应力混凝土4跨连续刚构桥	2008
88	共和乌江特大桥	重庆	200	预应力混凝土3跨连续刚构桥	2008
89	月亮包大桥	重庆	200	预应力混凝土3跨连续刚构桥	2008
90	朱昌河大桥	贵州	200	预应力混凝土3跨连续刚构桥	2008
91	富湾西江大桥	广东	2×200	预应力混凝土4跨连续刚构桥	2009
92	忠县长江公路大桥辅航道桥	重庆	200	预应力混凝土3跨连续刚构桥	2009
93	马水河大桥	湖北	3×200	预应力混凝土5跨连续刚构桥	2009
94	长阳魏家洲大桥	湖北	200	预应力混凝土3跨连续刚构桥	2009
95	长阳龙潭河大桥	湖北	3×200	预应力混凝土5跨连续刚构桥	2009
96	野三河大桥	湖北	200	预应力混凝土3跨连续刚构桥	2009
97	渝湘高速黄草乌江大桥	重庆	200	预应力混凝土3跨连续刚构桥	2009
98	土坎乌江大桥	重庆	200	预应力混凝土3跨连续刚构桥	2009
99	石马河大桥	重庆	2×200	预应力混凝土4跨连续刚构桥	2010
100	剑江大桥	贵州	200	预应力混凝土3跨连续刚构桥	2010
101	新民岷江大桥	四川	200	预应力混凝土3跨连续刚构桥	2010
102	犍为岷江特大桥	四川	200	预应力混凝土3跨连续刚构桥	2010
103	排调河一号特大桥	贵州	200	预应力混凝土3跨连续刚构桥	2011
104	腊八斤大桥	四川	2×200	预应力混凝土4跨连续刚构桥	2012
105	黑石沟大桥	四川	200	预应力混凝土3跨连续刚构桥	2012
106	小金河大桥	四川	200	预应力混凝土3跨连续刚构桥	2012
107	冷水河大桥	四川	200	预应力混凝土3跨连续刚构桥	2012
108	山店江大桥	湖南	200	预应力混凝土3跨连续刚构桥	2012
109	绥江南岸金沙江大桥	四川	200	预应力混凝土3跨连续刚构桥	2012
110	七星河大桥	贵州	200	预应力混凝土3跨连续刚构桥	2013

续表

序号	桥名	地域	跨径/m	桥梁结构形式	建成时间
111	天桥大桥	贵州	200	预应力混凝土3跨连续刚构桥	2013
112	油坊沟大桥	四川	200	预应力混凝土3跨连续刚构桥	2013
113	杭瑞高速乌江大桥	贵州	3×200	预应力混凝土5跨连续刚构桥	2013
114	桐梓河大桥	贵州	2×200	预应力混凝土4跨连续刚构桥	2013
115	土城大桥	贵州	200	预应力混凝土3跨连续刚构桥	2013
116	二郎河大桥	贵州	200	预应力混凝土5跨连续刚构桥	2013
117	龙川河大桥	贵州	200	预应力混凝土3跨连续刚构桥	2013
118	瓯越大桥	浙江	200	预应力混凝土5跨连续刚构桥	2014
119	石桥大桥	贵州	200	预应力混凝土3跨连续刚构桥	2014
120	顺德水道大桥	广州	200	预应力混凝土5跨连续刚构桥	2014
121	水河口大桥	贵州	200	预应力混凝土3跨连续刚构桥	2015
122	纳雍大桥	贵州	200	预应力混凝土5跨连续刚构桥	2015
123	黔江大桥	广西	200	预应力混凝土3跨连续刚构桥	2015
124	S308线赤水河大桥	四川	200	预应力混凝土5跨连续刚构桥	2016
125	新田坡大桥	贵州	3×200	预应力混凝土5跨连续刚构桥	2018
126	长滩河大桥	贵州	2×200	预应力混凝土4跨连续刚构桥	2018
127	新庄大桥	云南	3×200	预应力混凝土5跨连续刚构桥	在建
128	桐山溪大桥	福建	200	预应力混凝土3跨连续刚构桥	在建
129	下拖大桥	四川	200	预应力混凝土3跨连续刚构桥	在建
130	三堆子金沙江大桥	四川	200	预应力混凝土3跨连续刚构桥	在建
预应力混凝土连续梁桥					
131	马尾大桥	福建	240	空腹式预应力钢箱－混凝土箱混合3跨连续梁桥	在建
钢桁梁桥					
132	宁波三官堂大桥	浙江	465	下承式钢桁梁桥	在建
133	福州道庆洲大桥	福建	276	公轨两用钢桁梁桥	在建
134	曾家岩嘉陵江大桥	重庆	270	上弦加劲公轨两用钢桁梁桥	2019
135	东江南大桥	广东	264	上弦加劲钢桁梁桥	2012
136	元江大桥	云南	249	上承式下弦加劲钢桁梁桥	在建
137	菜坝岷江大桥	四川	224	下承式下弦曲线加劲钢桁梁桥	在建
138	五通岷江大桥	四川	224	下承式下弦曲线加劲钢桁梁桥	在建

拱式桥（石拱桥跨径 100 m 以上，其余跨径 200 m 以上）

序号	桥名	地域	跨径 /m	桥梁结构形式	建成时间
			钢拱桥		
1	朝天门长江大桥	重庆	552	中承式钢桁系杆拱 - 梁连续体系桥	2009
2	卢浦大桥	上海	550	空间中承式拱梁组合体系提篮钢拱桥	2003
3	香溪长江大桥	湖北	519	中承式钢箱桁架拱桥	在建
4	怒江大桥	云南	490	上承式钢桁拱桥	在建
5	柳州官塘大桥	广西	457	中承式提篮式钢箱拱桥	在建
6	宁波明州大桥	浙江	450	中承式双肢钢箱拱桥	2011
7	南广铁路西江特大桥	广东	450	中承式双肢钢箱拱桥	2014
8	成贵铁路鸭池河大桥	贵州	436	中承式钢桁 - 混凝土组合拱桥	在建
9	明珠湾大桥	广东	436	中承式 3 主桁 6 跨连续钢桁拱 - 梁连续体系桥	在建
10	济南齐鲁黄河大桥	山东	420	下承式 3 联钢箱拱 交叉斜吊杆桥	在建
11	武汉江汉七桥	湖北	408	下承式钢桁拱 - 梁连续体系	在建
12	重庆巫山大宁河大桥	重庆	400	上承式钢箱桁架拱桥	2010
13	珠海横琴二桥	广东	400	中承式钢桁系杆拱 - 梁连续体系桥	2015
14	宜万铁路万州长江大桥	湖北	360	下承式钢桁拱 - 梁连续体系	2010
15	纳界河大桥	贵州	352	上承式提篮钢桁拱桥	2016
16	大胜关长江大桥	江苏	336	下承式 6 跨连续 3 桁钢桁拱 - 梁体系桥	2011
17	梅山春晓大桥	浙江	336	下承式钢桁拱 - 梁连续体系	2017
18	成贵铁路宜宾金沙江大桥	四川	336	中承式钢桁拱 - 梁连续体系	2018
19	景洪黎明大桥	云南	310	下承式钢桁拱 - 梁连续体系	在建
20	南沙凤凰三桥	广西	308	飞燕式提篮式钢箱系杆拱桥	2017
21	佛山禅城大桥	广东	300	中承式 3 拱肋复式钢箱拱桥	2006
22	南宁大桥	广西	300	非对称外倾钢箱拱桥	2009
23	柳州白鹭大桥	广西	288	下承式钢桁拱桥	2012
24	东平水道桥	广东	286	中承式钢桁拱桥	2014
25	南钦铁路三岸邕江大桥	广西	276	钢桁系杆拱桥	2013
26	朝阳嘉陵江复建桥	重庆	274	中承式钢箱肋拱桥	2011
27	金鸡达旦河大桥	云南	265	钢箱拱肋系杆拱桥	在建
28	武广高铁东平水道桥	广东	242	钢桁系杆拱桥	2009
29	苏岭山大桥	湖北	240	下承式钢桁拱桥	在建

续表

序号	桥名	地域	跨径/m	桥梁结构形式	建成时间
30	广雅大桥	广西	210	中承式钢箱拱桥	2013
31	厦门五缘湾大桥	福建	208	中承式钢箱提篮拱桥	2004
32	大连普湾新区十六号路跨海大桥	辽宁	200	提篮式钢箱拱	在建
33	下摄司湘江大桥	湖南	200	提篮式钢箱拱桥	在建
34	将军澳跨海大桥	香港	200	中承式外倾钢箱肋拱桥	在建
钢管混凝土拱桥					
35	广西平南三桥	广西	560	中承式钢管混凝土拱桥	在建
36	合江长江一桥	四川	530	中承式钢管混凝土拱桥	2013
37	合江长江公路大桥	四川	507	飞燕式钢管混凝土拱桥	在建
38	巫山长江公路大桥	重庆	492	中承式钢管混凝土拱桥	2005
39	任沐新高速犍为岷江特大桥	四川	457.6	中承式钢管混凝土拱桥	在建
40	贵州大小井大桥	贵州	450	上承式钢管混凝土拱桥	在建
41	支井河大桥	湖北	430	上承式钢管混凝土拱桥	2009
42	藏木雅鲁藏布江大桥	西藏	430	中承式钢管混凝土提篮拱桥	在建
43	赵庄马岭河大桥	贵州	410	上承式钢管混凝土拱桥	在建
44	益阳茅草街大桥	湖南	368	飞燕式钢管混凝土拱桥	2006
45	广州丫髻沙大桥	广东	360	飞燕式钢管混凝土拱桥	2000
46	准朔铁路黄河大桥	山西	360	上承式钢管混凝土提篮形拱桥	在建
47	总溪河大桥	贵州	360	上承式钢管混凝土拱桥	2015
48	南宁永和大桥	广西	338	中承式钢管混凝土拱桥	2004
49	小河特大桥	湖北	338	上承式钢管混凝土拱桥	2009
50	黄山太平湖大桥	安徽	336	提篮式钢管混凝土拱桥	2007
51	马滩红水河大桥	广西	336	中承式钢管混凝土拱桥	在建
52	淳安南浦大桥	浙江	308	中承式钢管混凝土拱桥	2003
53	香火岩大桥	贵州	300	上承式钢管混凝土拱桥	2018
54	重庆奉节梅溪河大桥	重庆	288	上承式钢管混凝土拱桥	2001
55	武汉晴川桥	湖北	280	下承式钢管混凝土系杆拱桥	2001
56	东莞水道大桥	广东	280	飞燕式钢管混凝土拱桥	2004
57	六景郁江大桥	广西	280	下承式钢管混凝土系杆拱桥	2018
58	南宁三岸邕江大桥	广西	270	中承式钢管混凝土拱桥	1998

续表

序号	桥名	地域	跨径/m	桥梁结构形式	建成时间
59	象山三门口大桥	浙江	270	中承式钢管混凝土提篮拱桥	2008
60	龙桥大桥	湖北	268	上承式钢管混凝土拱桥	2014
61	永吉高速猛洞河大桥	湖南	268	上承式钢管混凝土拱桥	2017
62	南浦溪大桥	浙江	265	上承式钢管混凝土拱桥	在建
63	石门水库大桥	陕西	262	中承式钢管混凝土拱桥	2015
64	宜宾戎州大桥	四川	260	中承式钢管混凝十拱桥	2004
65	岙山大桥	浙江	260	中承式钢管混凝土提篮拱桥	2007
66	景阳河大桥	湖北	260	中承式钢管混凝土拱桥	2008
67	北深沟大桥	山西	260	中承式钢管混凝土拱桥	2010
68	乌溪江大桥	浙江	260	上承式钢管混凝土拱桥	2017
69	奎阁渠江大桥	四川	256	飞燕式钢管混凝土拱桥	2011
70	猛洞河大桥	湖南	255	上承式钢管混凝土拱桥	2013
71	武汉长丰汉江大桥	湖北	252	飞燕式钢管混凝土拱桥	2001
72	金竹牌大桥	浙江	252	上承式钢管混凝土拱桥	2006
73	六钦高速公路钦江大桥	广西	252	中承式钢管混凝土拱桥	2013
74	西溪河大桥	贵州	240	上承式钢管混凝土提篮拱桥	在建
75	苍溪嘉陵江三桥	四川	240	下承式钢管混凝土提篮拱桥	2014
76	巫山龙门大桥	重庆	240	中承式钢管混凝土拱桥	2010
77	水柏铁路北盘江大桥	贵州	236	上承式钢管混凝土提篮拱桥	2002
78	洛河大桥	河南	220	上承式钢管混凝土拱桥	在建
79	龙门黄河大桥	陕西	202	中承式钢管混凝土提篮拱桥	在建
			钢筋混凝土拱桥		
80	沪昆高铁北盘江大桥	贵州	445	上承式劲性骨架钢筋混凝土拱桥	2016
81	万州长江大桥	重庆	420	上承式钢管混凝土劲性骨架钢筋混凝土拱桥	1997
82	丘北南盘江大桥	云南	416	上承式劲性骨架钢筋混凝土拱桥	2016
83	夜郎河大桥	贵州	370	上承式劲性骨架钢筋混凝土提篮形拱桥	2018
84	昭化嘉陵江大桥	四川	364	上承式钢管混凝土劲性骨架钢筋混凝土肋拱桥	2012
85	大瑞铁路澜沧江大桥	云南	342	上承式钢管混凝土劲性骨架钢筋混凝土肋拱桥	在建
86	郑万铁路梅溪河大桥	河南	340	上承式钢管混凝土劲性骨架钢筋混凝土肋提篮形拱桥	在建
87	江界河大桥	贵州	330	桁式组合钢筋混凝土拱桥	1995

续表

序号	桥名	地域	跨径/m	桥梁结构形式	建成时间
88	蒲庙大桥	广西	312	中承式劲性骨架钢筋混凝土拱桥	1996
89	官盛渠江大桥	四川	300	中承式劲性骨架钢筋混凝土拱桥	在建
90	磨刀溪大桥	四川	280	上承式劲性骨架钢筋混凝土拱桥	2015
91	对坪金沙江大桥	四川	280	上承式钢管混凝土劲性骨架钢筋混凝土箱拱桥	2018
92	彭水鹿角乌江大桥	贵州	270	上承式钢管混凝土劲性骨架钢筋混凝土箱拱桥	在建
93	新浦大桥	浙江	270	上承式钢筋混凝土拱桥	在建
94	冯家坪金沙江大桥	四川	260	上承式钢管混凝土劲性骨架钢筋混凝土箱拱桥	2018
95	宜宾小南门金沙江大桥	四川	243	中承式劲性骨架钢筋混凝土拱桥	1990
96	沙坨大桥	贵州	240	上承式悬浇钢筋混凝土拱桥	在建
97	夹石乌江大桥	贵州	230	上承式钢筋混凝土箱拱桥	在建
98	许沟大桥	河南	220	支架施工上承式钢筋混凝土箱拱桥	2001
99	涪陵乌江大桥复线桥	重庆	220	上承式斜拉扣挂悬浇钢筋混凝土拱桥	2018
100	夜郎湖大桥	贵州	210	上承式悬浇钢筋混凝土拱桥	2018
101	宁屏路天池大桥	福建	205	上承式钢筋混凝土拱桥	2007
102	涪陵乌江大桥	重庆	200	上承式转体施工钢筋混凝土箱拱桥	1989
石拱桥					
1	丹河大桥	山西	146	空腹式石拱桥	2000
2	乌巢河大桥	湖南	120	空腹式石拱桥	1990
3	丰都九溪沟大桥	重庆	116	空腹式石拱桥	1972
4	南盘江长虹桥	云南	112.5	空腹式石拱桥	1961
5	都安县红渡大桥	广西	100	空腹式石拱桥	1966

斜拉桥（跨径 300m 以上）

序号	桥名	地域	跨径 /m	桥梁结构形式	建成时间
	双塔钢（箱、桁）、钢混结合（叠合）及混合主梁斜拉桥				
1	常泰过江通道主航道桥	江苏	1176	双塔双索面 3 钢桁主梁斜拉桥	在建
2	沪通长江大桥	江苏	1092	双塔三索面 3 钢桁主梁斜拉桥	在建
3	苏通长江公路大桥	江苏	1088	双塔双索面钢箱主梁斜拉桥	2008
4	香港昂船洲大桥	香港	1018	双塔双索面双钢箱 - 混凝土箱混合主梁斜拉桥	2009
5	武汉青山长江大桥	湖北	938	双塔双索面钢箱 - 钢混结合箱混合主梁斜拉桥	在建
6	鄂东长江公路大桥	湖北	926	双塔双索面钢箱 - 混凝土箱混合主梁斜拉桥	2010
7	嘉鱼长江公路大桥	湖北	920	双塔双索面钢箱 - 混凝土箱混合主梁斜拉桥	在建
8	池州长江公路大桥	安徽	828	双塔双索面钢箱 - 混凝土箱混合主梁斜拉桥	在建
9	石首长江公路大桥	湖北	820	双塔双索面钢箱 - 混凝土箱混合主梁斜拉桥	在建
10	九江长江公路大桥	江西	818	双塔双索面钢箱 - 混凝土箱混合主梁斜拉桥	2013
11	荆岳长江公路大桥	湖北	816	双塔双索面钢箱 - 混凝土箱混合主梁高低塔斜拉桥	2010
12	武穴长江公路大桥	湖北	808	双塔双索面钢箱 - 混凝土箱混合主梁斜拉桥	在建
13	芜湖长江公路二桥	安徽	806	双塔分体式双索面钢箱主梁斜拉桥	2017
14	鸭池河大桥	贵州	800	双塔双索面钢桁 - 混凝土箱混合主梁斜拉桥	2016
15	厦漳大桥	福建	780	双塔双索面钢箱 - 混凝土混合主梁箱斜拉桥	2013
16	沌口长江公路大桥	湖北	760	双塔双索面钢箱主梁斜拉桥	2017
17	上海长江大桥	上海	730	双塔双索面分离钢箱主梁斜拉桥	2009
18	万州长江公路三桥	重庆	730	双塔双索面钢箱 - 混凝土箱混合主梁斜拉桥	在建
19	北盘江第一桥	云南、贵州	720	双塔双索面钢桁主梁斜拉桥	2016
20	赤壁长江大桥	湖北	720	双塔双索面钢箱 - 混凝土箱混合主梁斜拉桥	在建
21	上海闵浦大桥	上海	708	双塔双索面钢桁主梁斜拉桥	2009
22	江顺大桥	广东	700	双塔双索面钢箱主梁斜拉桥	2015
23	象山港公路大桥	浙江	688	双塔双索面钢箱主梁斜拉桥	2012
24	鳊鱼洲长江大桥	湖北	682	双塔双索面钢箱 - 混凝土箱混合主梁	在建
25	琅岐闽江大桥	福建	680	双塔双索面钢箱主梁斜拉桥	2014
26	丰都长江二桥	重庆	680	双塔双索面钢箱主梁斜拉桥	2017
27	白居寺长江大桥	重庆	660	双塔双索面钢桁主梁斜拉桥	在建
28	南京长江第三大桥	江苏	648	双塔双索面钢箱主梁斜拉桥	2005

续表

序号	桥名	地域	跨径/m	桥梁结构形式	建成时间
29	望东长江公路大桥	安徽	638	双塔双索面钢 - 混组合主梁斜拉桥	2016
30	鸭绿江界河公路大桥	辽宁	636	双塔双索面钢箱主梁斜拉桥	2014
31	铜陵长江大桥	安徽	630	双塔三索面钢桁主梁斜拉桥	2015
32	南京长江第二大桥南汊桥	江苏	628	双塔双索面钢箱主梁斜拉桥	2001
33	舟山大陆连岛金塘大桥	浙江	620	双塔双索面钢箱主梁斜拉桥	2009
34	武汉白沙洲长江大桥	湖北	618	双塔双索面钢箱 - 混凝土箱混合主梁	2000
35	永川长江大桥	重庆	608	双塔双索面钢箱 - 混凝土箱混合主梁	2014
36	福州青洲闽江大桥	福建	605	双塔双索面钢 - 混叠合主梁斜拉桥	2001
37	上海杨浦大桥	上海	602	双塔双索面钢 - 混叠合主梁斜拉桥	1993
38	南沙港铁路西江大桥	广东	600	双塔双索面钢箱 - 混凝土箱混合主梁斜拉桥	在建
39	上海徐浦大桥	上海	590	双塔双索面钢箱 - 混凝土箱混合主梁斜拉桥	1997
40	芜湖长江公铁大桥	安徽	588	双塔双索面钢箱桁组合主梁高低塔斜拉桥	在建
41	桃夭门大桥	浙江	580	双塔双索面钢 - 混凝土箱混合主梁斜拉桥	2006
42	安庆长江大桥	安徽	580	双塔三索面3钢桁主梁斜拉桥	2015
43	息黔高速公路六广河大桥	贵州	580	双塔双索面钢 - 混结合主梁斜拉桥	2017
44	中山大桥	广东	580	双塔双索面钢箱主梁斜拉桥	在建
45	南溪仙源长江大桥	四川	572	双塔双索面钢箱 - 混凝土箱混合主梁斜拉桥	在建
46	黄冈长江大桥	湖北	567	双塔双索面钢桁主梁斜拉桥	2014
47	禹门口黄河大桥	山西	565	双塔双索面钢 - 混组合主梁斜拉桥	在建
48	海黄黄河大桥	青海	560	双塔双索面钢 - 混组合主梁斜拉桥	2017
49	长门闽江大桥	福建	550	双塔双索面钢箱 - 混凝土箱混合主梁斜拉桥	在建
50	沙埕湾跨海大桥	浙江	550	双塔双索面钢箱 - 混凝土箱混合主梁斜拉桥	在建
51	银洲湖大桥	广东	530	双塔双索面钢箱 - 混凝土箱混合主梁斜拉桥	在建
52	福平铁路平潭海峡大桥	福建	532	双塔双索面钢桁主梁斜拉桥	在建
53	宜宾临港长江大桥	四川	522	双塔双索面钢箱主梁斜拉桥	在建
54	黄舣长江大桥	四川	520	双塔双索面钢箱 - 混凝土箱混合主梁高低塔斜拉桥	2014
55	汕头礐石大桥	广东	518	双塔双索面钢箱 - 混凝土箱混合主梁斜拉桥	1999
56	公安长江大桥	湖北	518	双塔双索面钢桁主梁斜拉桥	在建
57	安庆长江公路大桥	安徽	510	双塔双索面钢箱主梁斜拉桥	2004
58	红水河大桥	贵州	508	双塔双索面钢 - 混结合主梁斜拉桥	在建

续表

序号	桥名	地域	跨径 /m	桥梁结构形式	建成时间
59	武汉天兴洲长江大桥	湖北	504	双塔三索面 3 钢桁主梁斜拉桥	2009
60	洪鹤大桥	广东	500	双塔双索面钢 - 混叠合主梁斜拉桥	在建
61	南京上坝夹江大桥	江苏	500	双塔双索面分离式钢箱主梁斜拉桥	在建
62	台州湾跨海大桥	浙江	488	双塔双索面分离式双边箱流线型扁平钢箱叠合主梁斜拉桥	在建
63	湛江海湾大桥	广东	480	双塔双索面钢箱 - 混凝土箱混合主梁斜拉桥	2006
64	台州椒江二桥	浙江	480	双塔双索面钢 - 混叠合主梁斜拉桥	2014
65	盐坪坝长江大桥	四川	480	双塔双索面钢混叠合 - 混凝土箱混合主梁斜拉桥	在建
66	南纪门轨道专用桥	重庆	480	双塔双索面钢 - 混结合主梁斜拉桥	在建
67	椒江铁路桥	浙江	480	双塔双索面钢桁主梁斜拉桥	在建
68	老棉河大桥	贵州	480	双塔双索面钢 - 混组合主梁斜拉桥	在建
69	香溪河大桥	湖北	470	双塔双索面钢混叠合 - 混凝土箱混合主梁斜拉桥	在建
70	宁波清水浦大桥	浙江	468	双塔双索面钢箱 - 混凝土组合主梁斜拉桥	2011
71	宁波甬江大桥	浙江	468	双塔双索面钢箱 - 混凝土箱混合主梁斜拉桥	2014
72	牛田洋大桥	广东	468	双塔双索面钢桁主梁斜拉桥	在建
73	江津鼎山长江大桥	重庆	464	双塔双索面钢桁主梁斜拉桥	2013
74	武汉军山长江公路大桥	湖北	460	双塔双索面钢箱主梁斜拉桥	2001
75	海南洋浦大桥	海南	460	双塔双索面钢混叠合 - 混凝土混合主梁斜拉桥	2014
76	巢湖大桥	安徽	460	双塔双索面钢 - 混组合主梁斜拉桥	在建
77	港珠澳大桥青州航道桥	广东	458	双塔双索面钢箱主梁斜拉桥	2018
78	鄂尔多斯乌兰木伦河大桥	内蒙古	450	双塔双索面钢箱 - 混凝土箱混合主梁斜拉桥	2012
79	南洞庭（胜天）大桥	湖南	450	双塔双索面钢箱主梁斜拉桥	在建
80	平南相思洲大桥	广西	450	双塔双索面钢 - 混组合主梁斜拉桥	在建
81	杭州湾大桥北航道桥	浙江	448	双塔双索面钢箱主梁斜拉桥	2005
82	龙穴南水道大桥	广东	448	双塔双索面钢箱 - 混凝土箱混合主梁斜拉桥	在建
83	重庆观音岩长江大桥	重庆	436	双塔双索面钢 - 混叠合主梁斜拉桥	2010
84	辽河大桥	辽宁	436	双塔双索面钢箱主梁斜拉桥	2010
85	韩家沱长江大桥	重庆	432	双塔双索面钢桁主梁斜拉桥	2013
86	新白沙沱长江大桥	重庆	432	双塔双索面钢桁主梁斜拉桥	2018
87	香港汲水门大桥	香港	430	双塔双索面钢桁 - 混结合主梁斜拉桥	1997
88	迫龙沟大桥	西藏	430	双塔双索面钢 - 混凝土混合主梁斜拉桥	2016

续表

序号	桥名	地域	跨径 /m	桥梁结构形式	建成时间
89	南宁青山大桥	浙江	430	双塔双索面钢 - 混叠合主梁斜拉桥	2017
90	东阿黄河大桥	山东	430	双塔双索面钢 - 混组合主梁斜拉桥	在建
91	明月峡长江大桥	重庆	425	双塔双索面钢桁主梁高低塔斜拉桥	在建
92	上海南浦大桥	上海	423	双塔双索面钢 - 混叠合主梁斜拉桥	1991
93	鄱阳湖二桥	江西	420	双塔双索面钢 - 混结合主梁斜拉桥	在建
94	福州淮安大桥	福建	416	双塔双索面钢 - 混结合主梁斜拉桥	2012
95	齐河黄河大桥	山东	410	双塔双索面双钢箱 - 混结合主梁斜拉桥	2018
96	润扬长江大桥北汊桥	江苏	406	双塔双索面钢箱主梁斜拉桥	2005
97	贡水河大桥	湖北	400	双塔双索面钢桁主梁斜拉桥	2014
98	泉州湾跨海大桥	福建	400	双塔四索面分幅钢 - 混组合主梁斜拉桥	2015
99	灌江口大桥	江苏	400	双塔双索面钢 - 混组合主梁斜拉桥	2015
100	樟树药都大桥	江西	400	双塔双索面钢 - 混组合主梁斜拉桥	2018
101	橄榄坝澜沧江大桥	云南	400	双塔双索面双钢混结合 - 混凝土箱混合主梁斜拉桥	在建
102	潮汕环线榕江大桥	广东	400	双塔双索面钢箱主梁斜拉桥	在建
103	泉州湾铁路桥	福建	400	双塔双索面钢 - 混结合主梁斜拉桥	在建
104	舟岱大桥南通航孔桥	浙江	390	双塔双索面钢箱主梁斜拉桥	在建
105	飞云江跨海大桥	浙江	380	双塔双索面钢 - 混结合主梁斜拉桥	在建
106	重庆红岩村嘉陵江大桥	重庆	375	双塔双索面钢桁主梁高低塔斜拉桥	在建
107	乐清湾大桥 2 号桥	浙江	365	双塔双索面钢 - 混结合主梁斜拉桥	2018
108	果子沟大桥	新疆	360	双塔双索面钢桁主梁斜拉桥	2011
109	河口黄河大桥	甘肃	360	双塔双索面钢 - 混结合主梁斜拉桥	2015
110	道安高速公路乌江大桥	贵州	360	双塔双索面钢 - 混结合主梁斜拉桥	2006
111	西固黄河大桥	甘肃	360	双塔双索面钢 - 混结合主梁斜拉桥	在建
112	轨道环线高家花园嘉陵江桥	重庆	340	双塔双索面钢箱 - 混凝土箱混合主梁斜拉桥	在建
113	通明海大桥	浙江	338	双塔双索面钢 - 混结合主梁斜拉桥	在建
114	鳌江大桥	浙江	320	双塔双索面钢 - 混结合主梁斜拉桥	在建
115	磨刀门西江大桥	广东	320	双塔双索面钢 - 混结合主梁斜拉桥	在建
116	徐宿淮盐铁路新洋港大桥	江苏	312	双塔双索面钢桁主梁斜拉桥	在建
117	洛溪大桥拓宽桥	广东	305	双塔双索面钢 - 混结合主梁斜拉桥	在建
118	清澜大桥	海南	300	双塔双索面钢 - 混结合主梁斜拉桥	2012

续表

序号	桥名	地域	跨径/m	桥梁结构形式	建成时间
119	赣州赣江大桥	江苏	300	双塔双索面钢‑混结合主梁斜拉桥	在建
120	莲花大桥	广东	300	双塔双索面钢‑混结合主梁斜拉桥	在建
双塔混凝土主梁斜拉桥					
121	荆州长江公路大桥北汊桥	湖北	500	双塔双索面混凝土主梁斜拉桥	2002
122	鄂黄长江公路大桥	湖北	480	双塔双索面混凝土肋板式主梁斜拉桥	2002
123	奉节长江公路大桥	重庆	460	双塔双索面混凝土主梁斜拉桥	2006
124	宜宾长江大桥	四川	460	双塔双索面混凝土主梁斜拉桥	2008
125	长寿长江公路大桥	重庆	460	双塔双索面混凝土主梁斜拉桥	2009
126	忠县长江公路大桥	重庆	460	双塔双索面混凝土主梁斜拉桥	2009
127	重庆大佛寺长江大桥	重庆	450	双塔双索面混凝土主梁斜拉桥	2001
128	涪陵石板沟长江大桥	重庆	450	双塔双索面混凝土主梁斜拉桥	2009
129	重庆李家沱长江大桥	重庆	444	双塔双索面混凝土主梁	1996
130	准格尔黄河大桥	内蒙古	440	双塔双索面混凝土主梁斜拉桥	2016
131	六冲河大桥	贵州	438	双塔双索面混凝土主梁斜拉桥	2013
132	铜陵长江公路大桥	安徽	432	双塔双索面混凝土主梁斜拉桥	1995
133	郧阳汉江大桥	湖北	414	双塔双索面混凝土主梁斜拉桥	1994
134	合江康博长江大桥	重庆	420	双塔双索面混凝土主梁斜拉桥	2013
135	武汉长江二桥	湖北	400	双塔双索面混凝土主梁斜拉桥	1995
136	李渡长江大桥	重庆	398	双塔双索面混凝土主梁斜拉桥	2007
137	巴东长江公路大桥	湖北	388	双塔双索面混凝土主梁斜拉桥	2004
138	重庆水土嘉陵江大桥	重庆	388	双塔双索面混凝土主梁高低塔斜拉桥	在建
139	梅溪河大桥	重庆	386	双塔双索面混凝土主梁斜拉桥	2010
140	广州番禺大桥	广东	380	双塔双索面混凝土主梁斜拉桥	1998
141	武佐河大桥	贵州	380	双塔双索面混凝土主梁斜拉桥	2015
142	淮安五河口大桥	江苏	370	双塔双索面混凝土主梁斜拉桥	2005
143	天津滨海大桥	天津	364	双塔双索面混凝土主梁斜拉桥	2003
144	重庆马桑溪长江大桥	重庆	360	双塔双索面混凝土主梁斜拉桥	2001
145	武陵山大桥	重庆	360	双塔双索面混凝土主梁斜拉桥	2010
146	马岭河大桥	贵州	360	双塔双索面混凝土主梁斜拉桥	2011
147	武汉四环线汉江大桥	湖北	360	双塔双索面混凝土主梁斜拉桥	2017

续表

序号	桥名	地域	跨径 /m	桥梁结构形式	建成时间
148	双河大桥	云南	356	双塔双索面混凝土主梁斜拉桥	在建
149	龙门黄河大桥	山西	352	双塔双索面混凝土主梁斜拉桥	2006
150	重庆地维长江大桥	重庆	345	双塔双索面混凝土主梁斜拉桥	2004
151	海口世纪大桥	海南	340	双塔双索面混凝土主梁斜拉桥	2003
152	南宁大冲大桥	广西	332	双塔双索面混凝土主梁斜拉桥	2014
153	涪陵长江公路大桥	重庆	330	双塔双索面混凝土主梁斜拉桥	1997
154	岩架北盘江大桥	贵州	328	双塔双索面混凝土主梁斜拉桥	2015
155	水东湾跨海大桥	广东	328	双塔双索面混凝土主梁斜拉桥	在建
156	金江金沙江大桥	四川	324	双塔双索面混凝土主梁斜拉桥	2008
157	铁罗坪大桥	湖北	322	双塔双索面混凝土主梁斜拉桥	2009
158	涪丰石高速公路乌江大桥	重庆	320	双塔双索面混凝土主梁斜拉桥	2013
159	神农溪大桥	湖北	320	双塔双索面混凝土主梁斜拉桥	2014
160	楠木渡乌江大桥	贵州	320	双塔双索面混凝土主梁斜拉桥	2018
161	童庄河大桥	湖北	320	双塔双索面混凝土主梁斜拉桥	在建
162	蔡家嘉陵江大桥	重庆	320	双塔双索面混凝土主梁斜拉桥	在建
163	鄱阳湖大桥	江西	318	双塔双索面混凝土主梁高低塔斜拉桥	2000
164	重庆云阳长江大桥	重庆	318	双塔双索面混凝土主梁高低塔斜拉桥	2005
165	温州大门大桥	浙江	316	双塔双索面混凝土主梁斜拉桥	2016
166	利津黄河公路大桥	山东	310	双塔双索面混凝土主梁斜拉桥	2001
167	襄阳卧龙大桥	湖北	310	双塔双索面混凝土主梁斜拉桥	2013
168	荆州长江公路大桥南汉桥	湖北	300	双塔双索面混凝土主梁高低塔斜拉桥	2000
169	彭溪河大桥	重庆	300	双塔双索面混凝土主梁斜拉桥	2008
170	曹娥江世纪大桥	苏浙界	300	双塔双索面混凝土主梁斜拉桥	2015
171	舟山浦西大桥	浙江	300	双塔双索面混凝土主梁斜拉桥	2015
172	瓯江大桥	浙江	300	双塔双索面鱼腹式混凝土箱主梁斜拉桥	在建
173	景洪神秘谷澜沧江大桥	云南	300	双塔双索面混凝土主梁斜拉桥	在建
双塔单索面斜拉桥					
174	湘潭杨梅洲大桥	湖南	658	双塔单索面钢－混混合主梁斜拉桥	在建
175	重庆东水门长江大桥	重庆	445	双塔单索面钢桁主梁斜拉桥	2014
176	东海大桥主通航孔桥	上海	420	双塔单索面钢－混叠合主梁斜拉桥	2005

续表

序号	桥名	地域	跨径/m	桥梁结构形式	建成时间
177	滨江大桥	广东	400	双塔单索面混凝土主梁斜拉桥	2017
178	大榭第二大桥	浙江	392	双塔单索面钢箱主梁斜拉桥	2013
179	江海大桥	广东	380	双塔单索面混凝土主梁斜拉桥	2016
180	番中大桥	广东	365	双塔单索面混凝土主梁斜拉桥	2016
181	温州七都大桥北汊桥	浙江	360	双塔单索面钢－混组合箱主梁斜拉桥	在建
182	新造珠江大桥	广东	350	双塔单索面混凝土主梁斜拉桥	2014
183	涪陵乌江二桥	重庆	340	双塔单索面混凝土主梁高低塔斜拉桥	2009
184	舟山富翅门大桥	浙江	340	双塔单索面钢－混凝土结合主梁斜拉桥	在建
185	新会崖门大桥	广东	338	双塔单索面混凝土主梁斜拉桥	2002
186	重庆双碑嘉陵江大桥	重庆	330	双塔单索面混凝土主梁斜拉桥	2015
187	珠海淇澳大桥	广东	320	双塔单索面混凝土主梁斜拉桥	2001
188	肇庆阅江大桥	广东	320	双塔单索面混凝土主梁斜拉桥	2017
189	潮荷大桥	广东	320	双塔单索面混凝土主梁斜拉桥	2016
190	枫树坝大桥	广东	320	双塔单索面混凝土主梁斜拉桥	在建
191	五象大桥	广西	300	双塔单索面分离钢箱主梁斜拉桥	2014
192	惠州海湾大桥	广东	300	双塔单索面混凝土主梁斜拉桥	2015
多塔斜拉桥					
193	武汉二七长江大桥	湖北	2×616	三塔钢－混结合主梁斜拉桥	2011
194	南京长江第五大桥	江苏	2×600	三塔钢－混结合主梁斜拉桥	在建
195	贵州平塘大桥	贵州	2×550	三塔钢－混结合主梁斜拉桥	在建
196	舟岱大桥主通航孔桥	浙江	2×550	三塔开口肋正交异形板钢箱主梁斜拉桥	在建
197	香港汀九大桥	香港	475	中塔带弹性索的三塔斜拉桥	1998
198	嘉绍大桥	浙江	5×428	六塔分体钢箱梁主梁斜拉桥	2013
199	泸州长江六桥	四川	2×425	三塔钢箱－混凝土混合主梁高低塔斜拉桥	在建
200	蒙华铁路洞庭湖大桥	湖南	2×406	三塔钢箱－钢桁结合主梁斜拉桥	在建
201	江安天政长江公路大桥	四川	2×400	三塔钢混结合－混凝土箱混合主梁斜拉桥	在建
202	赤石大桥	湖南	3×380	四塔混凝土主梁斜拉桥	2016
203	宜昌夷陵长江大桥	湖北	2×348	三塔混凝土主梁斜拉桥	2001
204	金海大桥	广东	3×340	四塔钢箱主梁斜拉桥	在建
205	岳阳洞庭湖大桥	湖南	2×310	三塔混凝土肋板式主梁斜拉桥	2000

续表

序号	桥名	地域	跨径/m	桥梁结构形式	建成时间
206	滨州黄河公路大桥	山东	2×300	三塔混凝土主梁高低塔斜拉桥	2004
207	济南建邦黄河公路大桥	山东	2×300	三塔混凝土主梁高低塔斜拉桥	2010
			独塔斜拉桥		
208	台湾淡江大桥	台湾	450	独塔双跨分离钢箱主梁斜拉桥	在建
209	千厮门嘉陵江大桥	重庆	312	独塔双跨钢桁主梁斜拉桥	2015
210	天津塘沽海河桥	天津	310	双幅平行反对称独塔钢混混合主梁斜拉桥	2011
			矮塔斜拉桥		
211	潮惠高速公路榕江大桥	广东	380	矮塔钢混混合主梁斜拉桥	2017
212	芜湖长江大桥	安徽	312	矮塔钢桁主梁斜拉桥	2000

悬索桥（跨径 500 m 以上）

序号	桥名	地域	跨径 /m	桥梁结构形式	建成时间
1	南京第六长江大桥	江苏	1760	单跨双铰钢箱加劲梁悬索桥	在建
2	杨泗港长江大桥	湖北	1700	单跨双铰钢箱加劲梁悬索桥	在建
3	虎门二桥坭洲水道桥	广东	1688	两跨连续钢箱加劲梁悬索桥	2019
4	伶仃洋大桥	广东	1666	三跨连续钢箱加劲梁悬索桥	在建
5	西堠门大桥	浙江	1650	两跨连续分离式钢箱加劲梁悬索桥	2009
6	润扬长江公路大桥	江苏	1490	单跨双铰钢箱加劲梁悬索桥	2005
7	杭瑞洞庭大桥	湖南	1480	双跨连续板桁结合加劲梁悬索桥	2018
8	南京长江第四大桥	江苏	1418	三跨连续钢箱加劲梁悬索桥	2012
9	金安金沙江大桥	云南	1386	单跨双铰钢板桁结合加劲梁悬索桥	在建
10	江阴长江公路大桥	江苏	1385	单跨双铰钢箱加劲梁悬索桥	1999
11	香港青马大桥	香港	1377	两跨封闭钢桁加劲梁悬索桥	1997
12	阳逻长江公路大桥	湖北	1280	单跨双铰钢箱加劲梁悬索桥	2007
13	大河大桥	贵州	1250	三跨连续钢桁加劲梁悬索桥	在建
14	虎门二桥大沙水道桥	广东	1200	单跨双铰钢箱加劲梁悬索桥	2019
15	赤水河大桥	重庆	1200	单跨双铰钢桁加劲梁悬索桥	在建
16	龙江特大桥	云南	1196	单跨双铰钢箱加劲梁悬索桥	2016
17	矮寨大桥	湖南	1176	单跨双铰钢桁加劲梁悬索桥	2012
18	宜昌伍家岗长江大桥	湖北	1160	单跨双铰钢箱加劲梁悬索桥	在建
19	清水河大桥	贵州	1130	单跨双铰钢板桁结合加劲梁悬索桥	2015
20	珠江黄埔大桥南汊桥	广东	1108	单跨双铰钢箱加劲梁悬索桥	2008
21	兴康特大桥	四川	1100	单跨双铰钢桁 - 混凝土板结合加劲梁悬索桥	2018
22	开州湖大桥	贵州	1100	单跨双铰钢板桁结合加劲梁悬索桥	在建
23	五峰山长江大桥	江苏	1092	单跨吊五跨连续钢桁加劲梁悬索桥	在建
24	坝陵河大桥	贵州	1088	单跨双铰钢桁加劲梁悬索桥	2009
25	泰州大桥	江苏	2×1080	双跨钢箱加劲梁悬索桥	2012
26	马鞍山长江公路大桥	安徽	2×1080	双跨钢箱加劲梁悬索桥	2013
27	驸马长江大桥	重庆	1050	单跨双铰钢箱加劲梁悬索桥	2017
28	棋盘洲长江公路大桥	湖北	1038	单跨双铰钢箱加劲梁悬索桥	在建
29	白洋长江公路大桥	湖北	1000	单跨双铰钢桁加劲梁悬索桥	在建
30	宜昌长江公路大桥	湖北	960	单跨双铰钢箱加劲梁悬索桥	2001

序号	桥名	地域	跨径/m	桥梁结构形式	建成时间
31	秀山大桥	浙江	926	三跨连续钢箱加劲梁悬索桥	在建
32	西陵长江大桥	湖北	900	单跨双铰钢箱加劲梁悬索桥	1996
33	四渡河大桥	湖北	900	单跨双铰钢桁加劲梁悬索桥	2009
34	虎门大桥	广东	888	单跨双铰钢箱加劲梁悬索桥	1997
35	重庆寸滩长江大桥	重庆	880	单跨双铰钢箱加劲梁悬索桥	2017
36	澧水大桥	湖南	856	单跨双铰钢桁加劲梁悬索桥	2013
37	武汉鹦鹉洲长江大桥	湖北	850	三塔四跨简支梁钢-混凝土结合加劲梁悬索桥	2014
38	宜昌至喜长江大桥	湖北	838	单跨双铰钢梁-混凝土板结合加劲梁悬索桥	2016
39	南溪长江大桥	四川	820	单跨双铰钢箱加劲梁悬索桥	2012
40	太洪长江大桥	重庆	808	单跨双铰钢箱加劲梁悬索桥	在建
41	瓯江北口大桥	浙江	2×800	三塔四跨钢桁加劲梁悬索桥	在建
42	青草背长江大桥	重庆	788	单跨双铰钢箱加劲梁悬索桥	2013
43	丽香高速公路金沙江大桥	云南	766	独塔单跨地锚钢桁加劲梁悬索桥	在建
44	油溪长江大桥	重庆	760	单跨双铰钢箱加劲梁悬索桥	在建
45	长寿长江二桥	重庆	739	单跨双铰钢箱加劲梁悬索桥	在建
46	悦城西江大桥	广东	738	双跨连续钢箱加劲梁悬索桥	在建
47	红河大桥	云南	736	单跨双铰钢桁加劲梁悬索桥	在建
48	金东金沙江大桥	云南	730	单跨双铰钢桁加劲梁悬索桥	2018
49	官厅水库大桥	河北	720	单跨双铰钢-混凝土组合加劲梁悬索桥	在建
50	郭家沱长江大桥	重庆	720	单跨吊三跨连续钢桁加劲梁悬索桥	在建
51	飞龙湖乌江大桥	贵州	680	单跨钢桁加劲梁悬索桥	在建
52	笋溪河大桥	贵州	660	单跨双铰钢箱加劲梁悬索桥	2018
53	虎跳峡金沙江大桥	云南	660	单跨吊三跨连续钢桁加劲梁悬索桥	在建
54	白鹤滩水电站葫芦口大桥	四川	656	单跨双铰钢桁加劲梁悬索桥	2017
55	厦门海沧大桥	福建	648	三跨钢箱加劲梁悬索桥	1999
56	镇胜高速公路北盘江大桥	贵州	636	单跨双铰钢桁加劲梁悬索桥	2008
57	涛源金沙江大桥	云南	636	单跨双铰钢箱加劲梁悬索桥	在建
58	普立大桥	云南	628	单跨双铰钢箱加劲梁悬索桥	2015
59	重庆鱼嘴长江公路大桥	重庆	616	单跨双铰钢箱加劲梁悬索桥	2010
60	重庆鹅公岩大桥	重庆	600	三跨钢箱加劲梁悬索桥	2000

续表

序号	桥名	地域	跨径/m	桥梁结构形式	建成时间
61	江津几江长江大桥	重庆	600	三跨连续钢箱加劲梁悬索桥	2016
62	重庆鹅公岩轨道专用桥	重庆	600	自锚钢箱加劲梁悬索桥	2019
63	重庆白沙长江大桥	重庆	590	两跨钢箱加劲梁悬索桥	在建
64	万州长江二桥	重庆	580	单跨双铰钢桁加劲梁悬索桥	2004
65	官山大桥	浙江	580	单跨双铰钢箱加劲梁悬索桥	2015
66	泸州城东长江大桥	四川	576	单跨双铰钢桁加劲梁悬索桥	在建
67	重庆忠县长江大桥	重庆	560	单跨双铰空间钢管架加劲梁悬索桥	2001
68	抵母河大桥	贵州	538	单跨双铰钢桁加劲梁悬索桥	2013
69	刘家峡大桥	甘肃	536	单跨双铰钢桁加劲梁悬索桥	2013
70	达孜桥	西藏	500	独塔单跨岩锚敞口式全焊桁架加劲梁悬索桥	1984

组合体系桥（跨径 200m 以上）

序号	桥名	地域	跨径 /m	桥梁结构形式	建成时间
1	广州新光大桥	广东	428	钢桁拱 - 刚构组合桥	2007
2	重庆菜园坝长江大桥	重庆	420	刚构 - 中承式钢箱系杆拱 - 钢桁梁组合桥	2007
3	湘潭莲城大桥	湖南	400	斜拉 - 拱组合桥	2007
4	洪奇沥水道大桥	广东	360	连续钢桁梁 - 拱桥	在建
5	沪通大桥天生港航道桥	江苏	336	连续钢桁梁 - 拱桥	在建
6	崔家营汉江大桥	湖北	300	连续刚构 - 拱组合桥	在建
7	宜昌长江大桥	湖北	2×275	连续刚构 - 拱组合桥	2010
8	广珠铁路虎跳门大桥	广东	248	连续刚构 - 拱组合桥	2012
9	重庆礼嘉嘉陵江大桥	重庆	245	梁拱组合刚构桥	在建
10	广珠铁路西江大桥	广东	230	连续刚构 - 拱组合桥	2012
11	小榄水道大桥	广东	230	连续刚构 - 拱组合桥	在建
12	合肥铁路枢纽南淝河大桥	安徽	229.5	连续钢桁梁 - 拱桥	2014
13	合肥铁路枢纽经开区大桥	安徽	229.5	连续钢桁梁 - 拱桥	2014
14	商合杭铁路淮河大桥	安徽	228	连续刚构 - 拱组合桥	在建
15	灌河大桥	江苏	228	连续钢桁梁 - 拱桥	在建
16	郑万高铁汉江大桥	河南	220	连续刚构 - 拱组合桥	在建
17	中山小榄水道大桥	广东	220	连续刚构 - 拱桥	2011
18	榕江大桥	广东	220	连续钢桁梁 - 拱桥	2013
19	九江长江大桥	江西	216	连续钢桁梁 - 拱桥	1994
20	杭州九堡大桥	浙江	210	连续梁 - 拱组合体系桥	2012
21	长沙福元路湘江大桥	湖南	210	连续梁 - 拱组合体系桥	2012
22	广珠城际铁路西江大桥	广东	210	斜拉 - 刚构组合桥	2011
23	东江大桥	广东	208	刚性悬索加劲钢桁梁桥	2009
24	安陆府河大桥	湖北	200	连续刚构 - 拱桥	在建
25	郑万铁路彭溪河大桥	河南	200	连续刚构 - 拱桥	在建
26	景洪澜沧江大桥	云南	200	连续刚构 - 拱桥	在建
27	橄榄坝澜沧江大桥	云南	200	连续刚构 - 拱桥	在建

注：随时间的推移，表中的桥名可能会有微小的变化；如有跨径或结构形式不准确的地方，希望读者帮助指正。

参考文献

[1] 中国土木工程学会桥梁及结构工程分会. 中国优秀桥梁[M]. 北京:人民交通出版社，2005.

[2] 中华人民共和国交通部. 中国桥谱[M]. 北京：外文出版社，2003.

[3] 交通部公路局. 中华人民共和国公路桥梁画册[M]. 北京：人民交通出版社，1978.

[4] 黄镇东，等. 中国公路峡谷大桥[M]. 北京：人民交通出版社，2017.

[5] 风懋润. 40年·交通：一张泛黄的老照片背后是激情燃烧的岁月[N]. 中国交通报，2018.

[6] 张喜刚. 中国桥梁技术的现状与展望[J]. 深度观察，2017.

[7] 孙家驷. 重庆桥谱[M]. 重庆：重庆大学出版社，2013.

[8] 中铁大桥局集团有限公司. 跨越六十年 经典六十桥，2013.